METALOGOS

Los Evangelios
de Tomás, Felipe
y la Verdad

Si este libro le ha interesado y desea que lo mantengamos informado de nuestras publicaciones, escríbanos indicándonos qué temas son de su interés (Astrología, Autoayuda, Naturismo, Nuevas terapias, Espiritualidad, Tradición, Qigong, PNL, Psicología práctica, Tarot...) y gustosamente lo complaceremos.

Puede contactar con nosotros en
comunicacion@editorialsirio.com

Título original: METALOGOS

Traducido del inglés con la asistencia del
Profesor Higinio Alas Gómez (Heredia, Costa Rica),
Doctor José Cascant Ribelles (Valencia),
Profesor Pedro Chamizo Domínguez (Málaga)

Diseño de portada: Editorial Sirio, S.A.

EDITORIAL SIRIO, S.A.
C/ Panaderos, 14
29005-Málaga
España

EDITORIAL SIRIO
Nirvana Libros S.A. de C.V.
Camino a Minas, 501
Bodega nº 8 , Col. Arvide
Del.: Alvaro Obregón
México D.F., 01280

ED. SIRIO ARGENTINA
C/ Paracas 59
1275- Capital Federal
Buenos Aires
(Argentina)

www.editorialsirio.com
E-Mail: sirio@editorialsirio.com

I.S.B.N.: 978-84-7808-677-1
Depósito Legal: B-40298 - 2009

Impreso en los talleres gráficos de Romanya/Valls
Verdaguer 1, 08786-Capellades (Barcelona)

Printed in Spain

Dr. Thomas Paterson Brown

METALOGOS

Los Evangelios de Tomás, Felipe y la Verdad

editorial Sirio, s.a.

«¡Maravillad a lo presente!»
— *Las Tradiciones* del apóstol Matías

INTRODUCCIÓN

En diciembre del año 1945 dos campesinos egipcios musulmanes, Muhámad Alí al-Samán y su hermano Jalífah Alí, encontraron más de mil cien páginas de antiguos manuscritos en papiro, enterrados junto al acantilado oriental en el valle del Alto Nilo. Los textos eran traducciones de originales griegos al copto, que fue la etapa helenística de la antigua lengua camítica faraónica (Gén 10, 6). Ese dialecto evolucionó después de la conquista por Alejandro Magno en el 332 a. de C. y posteriormente fue reemplazado por el árabe como la lengua vernácula egipcia después de la conquista musulmana en el 640 d. de C. Así pues, el copto se convirtió en la lengua de la Iglesia egipcia primitiva y permanece como su lenguaje litúrgico hasta hoy día.

El yacimiento de este descubrimiento, al otro lado del río del pueblo moderno de Nag Hammadi, ya era famoso como el pueblo en la antigüedad llamado XHNOBOΣKEION («pastizal de gansos»), donde en el 320 d. de C. san Pacomio fundó el primer monasterio cristiano. Poco menos de medio siglo después, en el 367, los monjes del monasterio copiaron unos cuarenta y cinco escritos religiosos y filosóficos diversos —entre los que se encuentran los Evangelios de Tomás, Felipe y la Verdad, además de una parte de la *República* de Platón (588A-589B)— en una docena de códices encuadernados en cuero. Esta biblioteca entera fue cuidadosamente sellada en una urna y escondida cerca, entre las rocas, donde permaneció sin descubrirse durante casi mil seiscientos años. Estos papiros, vistos por primera vez por eruditos en marzo de 1946 (Jacques Schwarz y Charles Kuentz, Códice II, en una tienda de antigüedades de El Cairo), se conservan desde 1952 en el Museo Copto del Cairo Antiguo. La edición fotográfica más temprana del manuscrito del importantísimo Códice II fue editada por el doctor Pahor Labib en 1956 (El Cairo, Departamento Gubernamental de Antigüedades).

El autor del Evangelio de Tomás se presenta como santo Tomás el apóstol, uno de los doce. El documento consta de una colección de más de cien dichos y diálogos cortos del Salvador, sin conexión narrativa. Algunos de estos dichos fueron citados como Escritura por autores cristianos en la antigüedad —por ejemplo, los Dichos 2, 22, 27 y 37 por Clemente de Alejandría (hacia el 150-211 d. de C.) en su *Stromata* (*Remiendos*)— aunque sin atribución explícita a Tomás. Últimamente, hace cien años en Oxirrinco de

Egipto se encontraron algunos fragmentos de lo que ya sabemos es una versión previa de Tomás en griego, por la paleografía fechada así: PapOx 1 (Tom 26-33. 77, 200 d. de C.); PapOx 654[1] (Tom Prólogo 1-7, 250 d. de C.); PapOx 655 (Tom 36-39, 250 d. de C.) —véase Biblio. 8, más adelante. El descubrimiento más reciente de la versión copta sahídica (S) de Tomás nos ha permitido por fin tener acceso a este evangelio en su totalidad. Pruebas adicionales, como el asíndeton en logion 6, revelan una fuente semítica anterior (véase Guillamont en «Comentarios eruditos recientes»). Como se indica en el artículo de prensa citado más adelante, casi todos los eruditos bíblicos que han estudiado este documento desde su primera publicación han concluido que el de Tomás debe ser aceptado como *un verdadero quinto evangelio*, de una autoridad igual a la de san Juan y los sinópticos. Es particularmente de interés que varios de los logia en Tomás (12, 24, 28, 37) son evidentemente dichos de la *posresurrección*.

El Evangelio de Felipe —como se puede inferir de sus dichos 51, 82, 98, 101, 137— se compuso al menos en parte después del 70 d. de C. por san Felipe, llamado el evangelista (*no* el apóstol), que aparece en los Hechos de los Apóstoles en 6:1-6; 8:4-40; 21:8-14. No hay ni una referencia, ni una cita previa, conocida de este complejo texto, que es una traducción al sahídico (S) de una serie elegante de reflexiones sobre la tradición abrahámica, sobre Israel y el Mesías encarnado, mientras que elabora una metafísica de idealismo espiritual.

1. En exposición en la Galería John Ritblat de la nueva Biblioteca Británica en Saint Pancras, Londres.

El Evangelio de la Verdad se compuso alrededor del año 150 d. de C. por Valentín, el famoso santo de Alejandría (nacido hacia el 100 d. de C.). Se trata de una entretejida meditación continua sobre el Logos —pero hasta su descubrimiento en Nag Hammadi (en el dialecto subakhmímico, A^2), no se conocía ni una frase sobreviviente de esta noble composición. (Una versión inglesa preliminar de otro texto extraordinario de Nag Hammadi, que también podría ser de Valentín: www.metalog.org/files/ supremacy.html.)

En los primeros años después del descubrimiento de estos documentos y antes de que los eruditos pudieran escudriñarlos lo suficiente, era habitual describirlos colectivamente como «gnósticos» (así, por ejemplo, Grant y Freedman [1960], en «Comentarios eruditos recientes»). Éste ha sido siempre un término genérico para la mezcla mediterránea de movimientos religiosos esencialmente antisensoriales de los primeros siglos posteriores a Cristo y así desdichadamente al principio fue usado como un cajón de sastre para meter en él a todos los diversos escritos de Nag Hammadi. La investigación ulterior, no obstante, ha mostrado que ni Tomás ni Felipe ni el Evangelio de la Verdad se pueden encasillar correctamente así, puesto que cada uno de ellos afirma explícitamente la realidad de nuestras encarnaciones físicas, junto con su contexto histórico (incluso, notablemente, la crucifixión). El «gnosticismo» —sea oriental, platónico, de las religiones de misterio o teosófico— considera por definición al universo perceptible (incluso nuestras vidas encarnadas además de toda la historia humana, bíblica o no) como inherentemente ilusorio y por eso maligno. El Antiguo Testamento (AT) —el cual Cristo ciertamente aceptó en los evangelios canónicos—, en cambio, sostiene que el campo entero de los cinco sentidos no es ni irreal ni malo, sino creado divinamente y bueno: así, entre un sinfín de ejemplos, Gén 1:31 («todo cuanto había hecho [Dios] era bueno en gran manera») y Lc 24:39 («carne [y] huesos como... yo tengo»). Un estudio cuidadoso de los tres evangelios coptos deja bien claro que pertenecen inequívocamente a esta tradición bíblica de ningún modo gnóstica; véase Com. 1, más adelante.

Los cánones del Nuevo Testamento (NT) de la Iglesia occidental (católica/protestante), ortodoxa, copta, armenia, etíope y siria/nestoriana difieren significativamente entre sí, y esos listados incluso fueron discutidos por las diversas ramas del cristianismo hasta muchos siglos después de Cristo; antes había solamente opiniones diversas recordadas por una variedad de individuos mucho tiempo después de la era apostólica, referentes no sólo a los textos generalmente aceptados hoy día, sino también a escritos como la Epístola de Bernabé, el Pastor de Hermas, el Evangelio de los Egipcios, el Evangelio de los Hebreos (en el cual Cristo se refiere a la Sagrada Espíritu como su Madre), las Tradiciones de Matías, el Apocalipsis de Pedro, la Didajê y los Hechos de Pablo. Así, el Códice Sinaítico, de mediados del siglo IV, incluye tanto a Bernabé como al Pastor de Hermas, mientras que el Códice Alejandrino, de principios del siglo V, contiene I y II Clemente además de los Salmos de Salomón. No hubo ningún concilio de la Iglesia sobre el canon del NT hasta el Sínodo de Laodicea (363 d. de C.), que de hecho rechazó el Apocalipsis de San Juan. Doce siglos después (!), el Concilio de Trento (1546 d. de C.)

estableció por fin el canon occidental y definió la lista actual de 27 libros como un artículo de la fe católica (aunque los concilios episcopales nunca han pretendido ser infalibles; el voto en Trento fue de 24 contra 15, con 16 abstenciones). Esta lista fue también aceptada por las varias Iglesias protestantes. Las diversas Iglesias orientales tienen historias igualmente complicadas para establecer sus cánones respectivos del NT: así, el canon armenio incluye un III Corintios paulino; el NT copto contiene I y II Clemente; el Peshita nestoriano excluye II y III Juan, Judas y el Apocalipsis; la Biblia etíope añade unos libros llamados los Sínodos, la Epístola de Pedro a Clemente, el Libro de la Alianza y la Didascalia; y ¡el Apocalipsis de San Juan todavía no se incluye en la Biblia ortodoxa griega! (Biblio. 18).

No obstante, es de destacar que los Evangelios de Tomás, Felipe y la Verdad evidentemente no eran conocidos por ninguna de esas tradiciones en el momento de sus intentos por establecer un canon del NT, pues jamás se mencionaron durante sus prolongadas deliberaciones —y por ello ni siquiera se tuvieron en cuenta para ser incluidos en sus listas respectivas—. En todo caso, el concepto de un canon ciertamente nunca fue inventado para excluir la posible inspiración de descubrimientos posteriores de textos o de ágrafa aislados (Lc 1:1; Jn 21:25).

Lo que sucediera durante los primeros tres siglos y medio posteriores a Cristo, antes de los intentos eclesiásticos más tempranos para establecer un canon, es notoriamente oscuro, pues los mesiánicos del evangelio original fueron finalmente suplantados por los «cristianos» paulinos (Hch 11:25-26). Así, por un lado, la Epístola de Bernabé (a fines del siglo I) permanece ignorante de los evangelios históricos; y por otro lado, Justino Mártir (a mediados del siglo II) no muestra ningún conocimiento de los escritos de Pablo —apuntando a un cisma continuado entre las tradiciones petrina y paulina. Clemente de Alejandría e Ireneo de Lyon, a fines del siglo II, son los primeros autores que citan explícitamente tanto a los evangelios como a Pablo. He intentado analizar el fundamento de esta dicotomía en «La paradoja de Pablo», Com. 5. Referente a ese período de formación, una lectura esencial es el estudio magistral de Walter Bauer, *La ortodoxia y la herejía en el cristianismo más temprano* (http://ccat.sas.upenn.edu/humm/Resources/Bauer; Tübinge n 1934, Philadelphia 1971).

Las divisiones posteriores dentro del cristianismo paulino se pueden resumir así: los patriarcas ortodoxos orientales de Alejandría, Antioquía y Jerusalén, así como muchos otros, rehusaron aceptar la nueva doctrina sobre las «dos naturalezas» de Cristo (la humana y la divina) proclamada en el 451 d. de C. por el Concilio de Calcedonia. Así la Iglesia (**1**) ortodoxa oriental se separó de las Iglesias (**2**) ortodoxa del este y (**3**) católica romana. Varios siglos después, en el 1054 d. de C., éstas a su vez se separaron entre sí a causa del cisma «filioque» (véase Com. 2). Luego, al principio del siglo XVI, las Iglesias (**4**) protestantes empezaron a subdividirse de la jerarquía católica romana. Las Iglesias ortodoxas orientales hoy en día incluyen la copta, la armenia, la siríaca, la etíope, la eritrea y la malankara tomasita de India. Su cristología es llamada por otros «monofisita» («naturaleza única»); pero ellos mismos la llaman «miafisita» («naturaleza unida»).

En su prólogo, Josué ben Sirac (siglo II a. de C.) escribió un lema apropiado para cualquier obra de traducción: «Lo que fue expresado en hebreo no tiene exactamente el mismo sentido cuando se traduce a otra lengua». Con tal aviso han sido preparadas las siguientes versiones, tan literal como líricamente como he podido hacerlas. Han pasado por el arameo (Tomás), el griego (Felipe y Verdad), luego el copto, el inglés y al fin el castellano —¡cinco etapas!—. El complejo proceso para interpretar tales documentos antiguos ha sido muy bien resumido por John R. Donahue SJ:

> El término castellano «texto» se deriva del latín *texere*, que significa «tejer». Un texto es una red entretejida de significaciones, la cual produce un «círculo hermenéutico»; es decir, el significado de un texto debe determinarse como un conjunto, pero el estudio de las partes individuales es preciso para alcanzar el significado del conjunto. La lectura de textos implica «un amplio análisis contextual», en el que se estudia el contexto inmediato de un pasaje, que sigue o precede a su contexto inmediato, y el contexto más amplio del documento como un todo.[2]

Con respecto a los evangelios coptos, este contexto más amplio tiene que incluir las escrituras canónicas (véanse los innumerables paralelos, lo mismo del AT que del NT, que se señalan por doquier).

2. «Normas para leer e interpretar», *The New Interpreter's Study Bible* (Nashville: Abingdon Press, 2003).

Cualesquiera irregularidades gramaticales que se encuentren en las traducciones están en el texto copto mismo (por ejemplo, los tiempos verbales en Tom 64). Las reconstrucciones textuales plausibles aparecen entre [corchetes], mientras que las adiciones editoriales se muestran entre (paréntesis). «[...]» indica los lugares donde no se puede interpolar, dado el deterioro del papiro. Las variantes griegas de Oxirrinco de Tomás aparecen entre {llaves}. Las notas puestas al final de cada logion se indican con numeros sobrescritos[1] y las situadas al final del texto en curso, con un circulito°. Las citas bíblicas enumeradas son esenciales para la comprensión de los dichos en su contexto bíblico, y se ruega al lector que las consulte en cada caso; las paralelas explícitas a Tomás en los sinópticos se indican aparte con un signo de igualdad=, para que el lector no busque lo previamente conocido. En la antigüedad, por supuesto, no había minúsculas y así, para representar el hebreo, el griego y el copto, no he usado aquí sus letras cursivas correspondientes, sino sus formas clásicas, que son más fáciles de leer para los no eruditos. Por su parte, al traducir tales textos antiguos a las lenguas modernas, es casi imposible poner mayúsculas de manera consistente y adecuada; pido la buena voluntad del lector con respecto a esto. Por todo, «P...» se liga a los números de párrafo en la *Gramática* de Plumley, y «C...» a las páginas en el *Diccionario* de Crum (Biblio. 5+6).

En lugar de la forma griega, Jesús (IHΣOYΣ), he usado la aramea original: Yeshúa (ישוע), que significa «Yahweh Salvador», es decir, «Él-Es Salvador» (Fel 20a). «SOY» representa la autodenomimación divina de Éx 3:14, hebreo

אהיה (*ahyh*), griego ΕΓΩ ΕΙΜΙ, copto ⲀⲚⲞⲔ ⲠⲈ (Tom 13; P306).

Por último, he adjuntado cinco ensayos a título de comentario: (1) «¿Son gnósticos los evangelios coptos?», una demostración formal de que no se pueden clasificar así; (2) «La Espíritu Maternal», sobre el género de רוח הקדש [*rúaj ha-qódesh*, Espíritu la-Santa] en las lenguas semíticas; (3) «Teogénesis», acerca de la sugerencia de Felipe de que la transgresión humana original consistió en la pretensión de producir a los niños, en lugar de aceptarlos como engendrados únicamente por Dios; (4) «Ángel, imagen y símbolo», acerca de estos tres conceptos primarios encontrados en las nuevas escrituras, junto con su estructura metafísica subyacente de un idealismo espiritual; y (5) «La paradoja de Pablo», un análisis filosófico de las evidentes discrepancias entre los evangelios canónicos y la teología de Saulo de Tarso, junto con un resumen de críticas similares por muchos individuos a través de los siglos.

Esta edición en castellano es básicamente una traducción de la versión en inglés, que preparé directamente del copto. Como es bien sabido, cualquier traducción debería ser revisada por alguien que tenga la lengua terminal como su idioma nativo. Por ello, Clara Luz García Salazar me ha ayudado en cada etapa de la versión castellana de esta tarea. Al principio utilicé también el programa Spanish Assistant 1.00a (MicroTac Software, 1993); luego, la traducción preliminar fue corregida con esmero por Higinio Alas Gómez, profesor emérito de la Escuela Ecuménica de Ciencias de la Religión, la Universidad Nacional, Heredia, Costa Rica, y después por José Cascant Ribelles (doctor en Sagrada

Teología, Navarra), anteriormente rector del Seminario Mayor de Arequipa, Perú; por último, ha sido revisada detenidamente una y otra vez por el doctor Pedro Chamizo Domínguez, profesor de Filosofía del Lenguaje en la Universidad de Málaga, España (véase Biblio. 19). Todos ellos han corregido innumerables errores en la versión castellana, además de sugerir muchas mejoras estilísticas, con objeto de que el lector capte con claridad el sentido del copto. Debo agradecerles también a dos de mis profesores universitarios: al poeta Robert Frost, por su consejo de participar solamente en lo que es digno del tiempo de uno, y al profesor William E. Kennick, por su ejemplo de los estándares más altos de la teología filosófica. También estoy en deuda con Bertrand Russell, en la época en que yo era estudiante en Londres y tuve la oportunidad de manifestarme con él en la Campaña por el Desarme Nuclear, por su intrépido ejemplo al enfrentarse al sistema —sea político, militar o religioso— por amor a la verdad. Buena parte de este trabajo lo hice mientras estuve invitado en muchas universidades tanto estatales como privadas, además de seminarios y comunidades religiosas tanto católicos como protestantes, en todas partes de Latinoamérica; y también las facultades de Filosofía, de Teología ortodoxa y de Informática en la Universidad de Atenas —por su hospitalidad fraternal estoy profundamente agradecido—. La ayuda técnica referente a internet me ha sido bondadosamente facilitada por Ioannis Georgiadis, del Centro de Informática de la Universidad de Atenas.

Los evangelios canónicos tienen que ser el paradigma para valorar cualquier «evangelio» recién descubierto. Es decir, nuestros criterios para investigar tal texto han de ser tanto su consistencia interna como su origen externo en relación con los cuatro textos que, en primer lugar, proveen la definición ostensiva[3] del solo término «evangelio». Por tanto, ¿son Tomás, Felipe y Valentín teológicamente consistentes con los sinópticos y Juan? ¿Vienen todos del mismo contexto histórico general y ambiente arqueológico en la antigüedad? ¿Indica el análisis que los textos nuevos son conceptual y empíricamente consistentes con los cuatro evangelios canónicos? ¿Parecen ser, en todo, del *mismo Logos*? He concluido que un examen lo bastante cuidadoso proporciona una respuesta afirmativa a todas estas preguntas. Así, es el propósito de esta edición —junto con los textos coptos, el diccionario y la gramática, disponibles en la Red— proveer al lector de los recursos para llevar a cabo por sí mismo una investigación completa de estas escrituras extraordinarias.

Se ha sugerido a menudo que estos nuevos escritos son básicamente *mezclas*, producidas por una serie de desconocidos mucho después de los acontecimientos a que pretenden corresponder. Sin embargo, *la explicación más simple* aquí (en función del famoso Principio de Economía, de Guillermo de Ockham: «No se deben multiplicar los entes sin necesidad») no es una larga tradición oral seguida por numerosas redacciones escritas; la explicación más simple es que estas tres escrituras fueron compuestas originalmente por el apóstol Tomás, Felipe el evangelista y Valentín de Alejandría, y que nos llegan básicamente intactas y bien

3. «Definición ostensiva»: definir un término por medio de indicar un referente ejemplar o paradigmático.

traducidas al copto del arameo, hebreo o griego originales. *No hay ninguna razón en absoluto para proponer una hipótesis más compleja aquí.* Así, siguiendo el ejemplo de la *Metafísica* de Aristóteles (como fue posteriormente titulada por Andrónico de Rodas), he llamado a esta colección de nuevas escrituras «Metalogos» —es decir, «Más Logos».

ⲡ.ⲓⲭⲑⲩⲥ †.ⲉⲩⲭⲁⲣⲓⲥⲧⲟⲩ.ⲕ!

THOMAS PATERSON BROWN
CUSCO, PERÚ
SEMANA SANTA, 2009
edit@metalog.org

BIBLIOGRAFÍA

1. La versión hipertextual de esta obra, además de las ediciones paralelas inglesa y griega moderna: www.metalog.org.
2. Las ediciones fotográficas de los manuscritos completos en papiro han sido publicadas por la UNESCO con la colaboración del gobierno de Egipto, bajo la dirección de James M. Robinson: *The Facsimile Edition of the Nag Hammadi Codices* (Códice I y Códice II), Leiden: E.J. Brill (www.brill.nl), 1977 y 1974; el Evangelio de la Verdad se encuentra en el Códice I; Tomás (escaneado en la Red: www.metalog.org/files/th_scan.html) y Felipe están en el Códice II.
3. Existe una bibliografía completa referente a los nuevos textos coptos: *Nag Hammadi Bibliography 1970-1994*, Leiden: E. J. Brill, 1997; también recogida anualmente desde 1970

en la revista *Novum Testamentum* (ambas por David Scholer); fechado para el 2004, ¡esta lista había alcanzado 10.626 títulos individuales! Véase en la red la inmensa *New Testament Bibliography* (por Sytze van der Laan): www.agraphos.com/thomas/bibliography.

4. La colección entera de unos 45 títulos (incluyendo una amplia diversidad de escritos religiosos de la época) se puede obtener en una edición popular: *The Nag Hammadi Library in English* (editada por James M. Robinson y Marvin Meyer), San Francisco: Harper y Row, 1977, 1988[3] (con Richard Smith), 1988.

5. Para la estructura gramatical de la lengua copta, he usado el recurso detallado, *Introductory Coptic Grammar* (por John Martin Plumley, posteriormente profesor de Egiptología en la Universidad de Cambridge), Londres: Home y Van Thal, 1948; fotocopiado en 1987 por Robert Michael Schapiro en la Biblioteca de la Universidad Hebrea, Monte Scopus, Jerusalén; este recurso autoritativo en mimeográfica más difícil de encontrar, del dialecto sahídico, está en la Red tanto en inglés como en castellano: www.metalog.org/files/plum.html.

6. El léxico indispensable es *A Coptic Dictionary* (por Walter Ewing Crum), Oxford: The University Press, 1939, reimpresión 2000 por Sandpiper Books Ltd, Londres (www.sandpiper.co.uk) y Powells Books, Chicago (www.powells.com); en la Red, en formatos gif y djvu: www.metalog.org/files/crum.html; NB en esta obra monumental, el orden de las palabras se determina primeramente por consonantes y luego por vocales; además, el copto es en parte una lengua aglutinante que utiliza un sistema complejo de prefijos y sufijos morfológicos y sintácticos, los cuales han de quitarse para identificar el vocablo básico —por ejemplo, ⲦⲚ̄ⲚⲀⲚ̄ⲚⲎⲨⲈ ⲂⲞⲖ → ⲦⲚ̄.ⲚⲀ.Ⲛ̄ⲚⲎⲨ ⲈⲂⲞⲖ (P199a C219b C034a: «nosotros.futuro.*venir* adelante»).

7. En mi traducción de Tomás, he utilizado la insuperada primera edición del copto, con traducciones línea a línea en inglés, francés, alemán y holandés, publicada en *The Gospel according to Thomas* (editado por Antoine Guillaumont, Henri-Charles Puech, Gilles Quispel, Walter Till y Yassah 'Abd al-Masih), Leiden: E.J. Brill; Nueva York: Harper y Brothers; Londres: Collins, 1959; en la Red: www.metalog.org/files/coptic_thomas.html.

8. Los fragmentos griegos anteriores, los cuales varían significativamente de la versión copta: *New Sayings of Jesus and Fragment of a Lost Gospel from Oxyrhynchus* (editada por Bernard Grenfell, Lucy Drexel y Arthur Hunt), Oxford University Press, Londres: Henry Frowde, 1904; en la red, en el importante Gospel of Thomas Resource Center (por Andrew Bernhard): www.gospels.net/thomas.

9. La edición fundamental en castellano de Tomás y Felipe —que tuve siempre presente cuando preparé mi propia traducción de Felipe— traducida directamente del copto con material introductorio, amplia bibliografía y anotaciones: *Los evangelios apócrifos* (editada y traducida por Aurelio de Santos Otero), Madrid: Biblioteca de Autores Cristianos, 7.ª edición, 1991.

10. Basé mi traducción de Felipe en el texto copto, ampliamente anotado con glosarios completamente clasificados: *Das Evangelium nach Philippos* (editado y traducido por Walter Till), Berlín: Walter De Gruyter (www.degruyter.de), 1963;

en la Red: www.metalog.org/files/till.html; autor de la superlativa *Koptische Dialekt-grammatik* (1994), Till nos ha hecho el gran servicio de analizar el texto copto, para que, por ejemplo, la línea continua 100.27 del manuscrito (www.metalog.org/files/w-till-01.gif, del dicho 7) ⲚⲈⲦⲤⲒⲦⲈϨⲚ̄ⲦⲠⲢⲰϢⲀⲨⲰⲤϨϨⲘ̄ⲠϢⲰⲘ se descifre como ⲚⲈⲦ.ⲤⲒⲦⲈ ϨⲚ̄ Ⲧ.ⲠⲢⲰ ϢⲀ.Ⲩ.ⲰⲤϨ ϨⲘ̄ Ⲡ.ϢⲰⲘ, y así facilmente se puede traducir: «quienes.siembran en el.invierno *habitualmente*.ellos.cosechan en el.verano».

11. Una edición superlativa en inglés del Evangelio de la Verdad, extensamente anotada con un amplio estudio introductorio: *El Evangelio de la Verdad, una meditación valentiniana sobre el Evangelio* (editada por Kendrick Grobel), Nueva York: Abingdon Press; Londres: Black, 1960; en la Red: www.metalog.org/files/grobel1.html; véase «Comentarios eruditos recientes», más adelante.

12. Basé mi traducción del Evangelio de la Verdad en la edición académica, con introducción, texto copto, traducción inglesa, notas copiosas y glosarios completos: *Nag Hammadi Codex I* (editada por Harold W. Attridge, en dos volúmenes), Leiden: E.J. Brill, 1985; texto copto en la Red: www.metalog.org/files/ truth.html.

13. Una obra de extraordinaria amplitud y perspicacia, referente a los parámetros básicos de la metafísica bíblica en contraste con la griega y occidental: Claude Tresmontant, *Ensayo sobre el pensamiento hebreo*, Madrid: Taurus Ediciones, 1962; véase «Ángel, imagen y símbolo», Com. 4.

14. «La historia de la lengua copta» (por Hany N. Takla): www.metalog.org/files/coptic.html.

15. Esencial en estudios del NT, es el *Novum Testamentum Graece* de Nestle-Aland, Stuttgart: Deutsche Bibelgesellschaft, 1979 *et seq*.: www.ubs-translations.org; incluido en #29.

16. He añadido varias paralelas a las espléndidas *Odas de San Salomón*, un escrito mesiánico en antiguo siriaco del siglo I, descubierto en 1909 (traducido por Andrea Barrios M.): www.geocities.com/Odasdesalomon/index.html.

17. El *website* sobre la Sábana Santa de Turín, con amplia información histórica y científica además de muchas imágenes detalladas de la tela (mantenido por Barrie Schwortz): www.shroud.com/homespan.htm; una imagen en ultravioleta y clarificada por ordenador del rostro de la Sábana, junto con un resumen del estudio científico acerca de la reliquia y los resultados más recientes del carbono-14: www.metalog.org/files/ shroud2.html.

18. Referente a la formación del canon del NT, véase Bruce M. Metzger, *The Canon of the New Testament*, Oxford: Clarendon Press, 1987.

19. Pedro José Chamizo Domínguez, «La traducción como problema en Wittgenstein», *Pensamiento*, 1987; www.metalog.org/files/trad-witt.html.

20. Los cinco evangelios de Mateo, Marcos, Lucas, Juan y Tomás, interligados en montaje paralelo: por el Departamento de Religión, Universidad de Toronto, Canadá: www.utoronto.ca/religion/synopsis/meta-5g.htm.

21. Un análisis definitivo en inglés de las 613 reglas de la Torah: Abraham Chill, *The Mitzvot*: *The Commandments and Their Rationale*, Jerusalén: Urim Publications (www.urimpublications.com), 2000^2.

EL «QUINTO EVANGELIO» ILUMINA DICHOS DE JESÚS

Darrell Turner, Religion News Service,
Nueva York, 27.XII.91 (#15709)

(RNS) Un documento antiguo compuesto de dichos de Jesús ha generado recientemente una gran cantidad de artículos eruditos, además de opiniones fuertemente defendidas de modo que el documento, conocido como el Evangelio de Tomás, merece un público mucho más amplio. Según algunos eruditos, las 114 citas del Evangelio de Tomás son tan importantes como Mateo, Marcos, Lucas y Juan para obtener una comprensión del hombre a quien los cristianos veneran como Mesías.

En una reciente entrevista telefónica, Helmut Koester de la Facultad de Teología de Harvard, el nuevo presidente de la Sociedad de Literatura Bíblica (Estados Unidos), dijo que *casi todos los especialistas en la Biblia de los Estados Unidos están de acuerdo en que Tomás es tan fehaciente como los evangelios del Nuevo Testamento*. En un artículo que apareció en la *Bible Review* en abril de 1990, Koester y su colaborador Stephen Patterson escribieron: «Hay que conceder una autoridad igual al Evangelio de Tomás que a los evangelios canónicos», en un intento de reconstruir los orígenes del cristianismo.

Sin embargo, a pesar del entusiasmo sobre la obra durante varias décadas, «nadie ha oído hablar de ella excepto los eruditos», dice Paterson Brown, anteriormente profesor de Filosofía de la Religión, el cual ha escrito sobre Tomás en la revista *Novum Testamentum* (www.metalog.org/files/tpb/sabbath.html).

Tomás fue descubierto en 1945 en Egipto, junto con más de otras cincuenta obras antiguas cristianas, judías y paganas, que integran una colección conocida como la Biblioteca de Nag Hammadi. Los documentos, que se fechan desde el siglo IV a. de C. hasta el IV d. de C., fueron escritos en copto, el idioma de los cristianos egipcios primitivos. La biblioteca, incluso Tomás, ha sido traducida al inglés y publicada en varias ediciones eruditas. Pero muchos estudiosos opinan que Tomás se debe hacer asequible en un volumen distinto. «Pienso que es urgente que Tomás sea publicado aparte, en una edición de bolsillo», dijo Brown.

A diferencia de los otros volúmenes de Nag Hammadi, Tomás contiene enseñanzas de Jesús que los eruditos creen que serían particularmente importantes para los lectores cristianos. Muchos de los que estudian el Evangelio de Tomás opinan que su material es potencialmente de más interés para el público en general que los famosísimos

Rollos del Mar Muerto —con la salvedad de que no es tan bien conocido.

Muchas citas registradas en Tomás son semejantes a las aparecidas en los evangelios que se integran en lo que se conoce como el canon del Nuevo Testamento —los escritos de la Iglesia primitiva, que finalmente fueron aceptados como textos auténticos y autorizados para todos los cristianos—. Por ejemplo, el Dicho 90 en Tomás —«Venid a mí, pues mi yugo es fácil y mi dominio es manso y encontraréis reposo para vosotros mismos»— muestra una semejanza muy grande con un conocido pasaje de Mateo 11:28-30.

COMENTARIOS ERUDITOS RECIENTES

Henry Barclay Swete, «El fragmento de Oxirrinco [PapOx 1]» (discurso en la reunión de verano de los clérigos, Universidad de Cambridge, 29 de julio de 1897): El yacimiento de Oxirrinco... en los tiempos cristianos... adquirió la reputación de una fortaleza de la vida monástica egipcia... Los Λογια Ιησου son los oráculos de Jesús, es decir, los dichos en los cuales él revela la voluntad divina. El libro exhibe, pienso yo, claras pruebas de su derecho a poseer esta característica. Fue escrito en forma de códice, en hojas, no en columnas sucesivas en un rollo —una forma que parece haber sido reservada entre los cristianos para libros sagrados o eclesiásticos—. Cada dicho empieza con una fórmula que indica su autoridad de oráculo... La razón por la que λεγει [es decir, «x dice» en tiempo presente] es apropiado es que tenemos delante de nosotros un fragmento de una colección de dichos que pretenden ser logia ζωντα, oráculos vivientes del Amo vivo... No hay prueba alguna de dependencia de cualquiera de nuestros evangelios corrientes... No obstante, el griego tiene, pienso yo, el verdadero aroma del estilo de los evangelios; es magníficamente sencillo y claro... Todo en el fragmento presente apunta al griego sencillo de los judíos palestinos bilingües, acostumbrados a transmitir palabra por palabra las memorias de los oyentes originales del Amo. Dudo que el siglo II o la tierra de Egipto pudieran producir algo parecido... Encuentro dificultad en creer, a juzgar por la forma en que están interconectados, que cualquiera de estos dichos sea más tardío en su origen que el siglo I, o que la colección que los contenía fuese compuesta después de que nuestros evangelios canónicos tuvieran un uso generalizado. Tanto el prólogo de San Lucas como la posdata de San Juan hablan de otros libros además de los evangelios que han sido escritos, o podrían ser escritos, para contener la «Gesta Cristi». Ya tenemos por primera vez una prueba diferente de la existencia de libros que contenían solamente sus dichos, separados de la narración... Si se pregunta: ¿por qué ninguna colección de logia se incluyó en el canon del NT, o ha sobrevivido entera hasta nuestro tiempo?, la respuesta bien puede ser que la Iglesia necesitaba, sobre todo, relatos de la vida, pasión y resurrección del Amo.

————, «Los nuevos dichos de Oxirrinco [PapOx 654]» (discurso en la Facultad de Teología, Universidad de Cambridge, 7 de julio de 1904): Ya sabemos que en el siglo III, existía una colección de Λογια Ιησου que circulaba en Oxirrinco y probablemente en otras partes del valle del Nilo. Los dichos no fueron simplemente apuntados en el cuaderno de un compilador, sino preparados para ser publicados... Mi impresión [es] que los nuevos dichos son sustancialmente auténticos... a la vez nuevos y según la manera de la enseñanza anterior de nuestro Amo... la cual es difícil considerar como la creación de tiempos posapostólicos... tradiciones basadas en las memorias de quienes habían oído al Amo.

Gilles Quispel, «El Evangelio de Tomás y el Nuevo Testamento» (discurso pronunciado en la Universidad de Oxford, 18 de septiembre de 1957): Han salido a la luz unos dichos desconocidos de Jesús, sacados de un evangelio judeocristiano originalmente compuesto en arameo. El Evangelio de Tomás... no es ni más ni menos que el evangelio usado por los descendientes de la comunidad primitiva de Jerusalén —los cuales parecen haber continuado viviendo en Palestina, casi totalmente aislados de la corriente principal de la tradición cristiana gentil—... No hay, que yo sepa, nada que indique que ésta no es una tradición legítima... Estos dichos de Jesús —que están incluidos en el Evangelio de Tomás y por su vocabulario, su estilo y su contenido muestran su origen palestino— ¿por qué no tendrían el mismo valor histórico que las palabras de Jesús incluidas en nuestros cuatro evangelios canónicos? Tal vez fueron transmitidos en un ambiente palestino muy aislado de los demás de la cristiandad y no influido por las tendencias de la teología paulina. Y no debemos excluir tampoco la posibilidad de que esta gente hubiera preservado algunas veces las palabras de Jesús en una forma más primitiva que la encontrada en los evangelios canónicos.

———, «Unas observaciones sobre el Evangelio de Tomás» (*New Testament Studies*, 1959): El Evangelio de Tomás contiene un número de dichos que transmiten una tradición judeocristiana independiente, no influida por ninguna fuente de nuestros evangelios canónicos... Podemos intentar descubrir los arameísmos que son tan frecuentes en estos dichos... Hasta ahora se han encontrado alrededor de unos treinta logia que contienen huellas de su origen arameo.

———, «El gnosticismo y el Nuevo Testamento» (en J. Philip Hyatt [ed.], *La Biblia en la erudición moderna,* ponencias presentadas en la reunión centenaria de la Sociedad de Literatura Bíblica, 1964): La Espíritu Santa como Madre [es] un concepto bien documentado en la tradición evangélica judeocristiana y totalmente comprensible en una religión de lengua semítica... El Evangelio de Tomás... contiene pruebas de una tradición transmitida en un ambiente judeocristiano... No es gnóstico en absoluto. Los partidarios de la interpretación gnóstica... tendrían que explicar cómo podía decir el autor que el cadáver podía levantarse de nuevo (logion 5, versión griega)... En cuanto al Evangelio de Tomás, Cristo es nuestro Padre y la Espíritu Santa es nuestra Madre.

Antoine Guillamont, «Semitismos en los logia de Jesús encontrados en Nag Hammadi» (*Journal Asiatique*,

1958): Los logia coptos [en el Evangelio de Tomás] pueden, en determinados casos, ayudar a restaurar el sustrato arameo de los logia sinópticos... Varias de las divergencias de detalle entre el texto de los logia coptos y el texto sinóptico se pueden explicar recurriendo a un sustrato arameo común. En esos casos, la terminología de los logia coptos nos permite restaurar el sustrato arameo con más certeza que cuando tenemos solamente el texto sinóptico.

Otto A. Piper, «Reseña de *Códice Jung*» (*Theology Today*, 1958): Mientras que todo el mundo habla de los Rollos del Mar Muerto, relativamente poca publicidad se ha dado a otro descubrimiento de manuscritos antiguos, los cuales podrían resultar de más importancia que esos para el estudio del cristianismo temprano... Los editores consideran que «El Evangelio de la Verdad» o es una obra original de Valentín o su revisión por uno de sus discípulos más tempranos. Esto lo fecharía hacia el 150 d. de C... Uno queda pasmado por la frescura de su vía. No hay ninguna huella de polémica en contra de ciertos tipos de doctrina establecida; y la exégesis, por ejemplo, del Prólogo de San Juan al principio de la obra es de una originalidad asombrosa. Las referencias frecuentes a pasajes del Nuevo Testamento y a «Jesús el Cristo» indican la creencia del autor y su determinación de ser un cristiano verdadero. En varios casos, por ejemplo en su idea referente a la humanidad, el autor es obviamente influido por el realismo hebraico... El Evangelio de la Verdad no es un tratado, sino un poema. La elegancia de su estilo, la altura de su perspectiva, la ternura con que «el secreto» se describe, la dexteridad infalible con que el término correcto se selecciona en cada instancia... indican a un autor de talento insólito y espiritualidad profunda y en todos los aspectos superior a los Padres [de la Iglesia] del siglo II... Comparte con los escritores bíblicos la vista hebraica del ego como la totalidad de cuerpo y mente... [Hay] una ausencia casi completa de elementos mitológicos en el Evangelio de la Verdad.

Robert M. Grant y David Noel Freedman, *Los dichos secretos de Jesús* (1960): Los primeros descubrimientos los hicieron los que trabajaron con Togo Mina, el director del Museo Copto hasta su muerte en 1949. Estos expertos eran H.-C. Puech, de París, y su alumno Jean Doresse... [Con respecto al] Evangelio de Tomás, Doresse lo examinó en la primavera de 1949 y, a continuación, anunció que era «una composición gnóstica»... Antes de 1952 Puech había descubierto que se habían encontrado muchos años antes, entre los papiros de Oxirrinco, unos fragmentos griegos de la misma obra, pero nunca se identificaron correctamente... En 1958 salió la primera traducción completa, hecha a partir de las fotografías de la edición de Pahor Labib por el especialista alemán Johannes Leipoldt... El Evangelio de Felipe no contiene más que especulaciones gnósticas. El Evangelio de Tomás, en cambio... es probablemente nuestro testigo más significativo de la tergiversación primeriza del cristianismo por los que querían crear un Jesús a su propia imagen. [Incluido como representativo de mucho que ha sido publicado a través del último medio siglo.]

Kendrick Grobel, Introducción a *El Evangelio de la Verdad, una meditación valentiniana sobre el Evangelio* (1960): [El Evangelio de la Verdad] está escrito en un dialecto distinto del sahídico, que sólo aparece en muy pocos de los libros [de Nag Hammadi]:... el Subajmímico (A^2)... el dialecto que se habló antés... algo más de cien millas río abajo desde Jenoboskion... [Allí,] pues, se debería de haber hecho del griego esta traducción del Evangelio de la Verdad; allí, también, con toda probabilidad fue hecha esta copia de la traducción, y de allí se trajo río arriba posteriormente hasta Jenoboskion... Todos los cristianos del siglo segundo son personajes en una profunda sombra histórica, aun donde han sobrevivido bastantes de sus escritos. Podemos al menos especular que si Ignacio, Valentín y Justino Mártir hubieran sido igualmente afortunados en la supervivencia de sus escritos, Valentín habría resultado ser el más capaz en «talento y elocuencia», además del más original de los tres y de su siglo entero... [Antes del descubrimiento de Nag Hammadi, podíamos] entender a Valentín solamente por las pocas citas directas fidedignas que nos han llegado de él, principalmente en el *Stromata*, de Clemente de Alejandría. En contraste con las heresiologías de los Padres de la Iglesia, lo más chocante de los fragmentos es que muestran a un Valentín cuya soteriología es *Cristo*céntrica —no pleromatocéntrica o sofiocéntrica— [como alegan los heresiólogos]... W. C. van Unnik, profesor del NT en Utrecht, ha declarado inequívocamente (*The Jung Codex*) que Valentín mismo fue el autor de esta obra. Estoy de acuerdo con él... ¿Ha escrito [el autor aquí] algo que sería un secreto no conocido por un cristiano ortodoxo?

Krister Stendhal, «El método en el estudio de la teología bíblica», en J. Philip Hyatt (*op. cit.*, 1964): Las tradiciones del evangelio... en el Evangelio de Tomás o en los Ágrafa pueden indicar tradiciones que son tan válidas como las del NT. Para el estudioso de la historia cristiana temprana, la limitación a lo «bíblico» es un acto de pereza textual o un pecado metodológico.

Joachim Jeremías, *Las parábolas de Jesús* (edición de 1965): Es una gran ayuda la que nos presta el Evangelio de Tomás, al ofrecernos once parábolas de los sinópticos en versión propia [9, 20, 21b/103, 57, 63, 64, 65, 76, 96, 107, 109]... [Además, Tomás] contiene... cuatro parábolas que no se encuentran en el NT [8, 21a, 97, 98]... El texto de las parábolas no ha sido transformado alegóricamente, sino que ha permanecido intacto (menos las dos adiciones de la parábola del ladrón); esto confiere un gran valor a la tradición que nos transmite el Evangelio de Tomás.

Raymond E. Brown, *El nacimiento del Mesías* (1977): La Espíritu Santa no [es] masculina (femenina en hebreo; neutra en griego)... El Evangelio de Tomás, descubierto en Nag Hammadi, a menudo se ha considerado que contiene cierto material auténtico sobre el ministerio de Jesús, no conservado de otra manera, por el contrario, en los evangelios canónicos.

Helmut Koester, Introducción a «El evangelio de Tomás», en James M. Robinson (ed.), *La biblioteca de Nag Hammadi en inglés* (Biblio. 4, 1977): Si uno considera la forma y el vocabulario de los dichos individuales, comparados con la forma en que aparecen en el Nuevo Testamento, el Evangelio de Tomás casi siempre parece haber conservado una forma más original del dicho tradicional. En su género literario, el Evangelio de Tomás es más parecido a una de las fuentes de los evangelios canónicos, concretamente a la llamada Fuente de Dichos Sinópticos (frecuentemente llamada «Q» del alemán *Quelle*, «fuente»), la cual fue usada lo mismo por San Mateo que por San Lucas... En su forma más original, [Tomás] bien puede fecharse en el siglo I.

————, *Antiguos evangelios cristianos* (1990): Lo que se pone a prueba es la tradición «católica temprana» u «ortodoxa», que afirma el monopolio de la tradición canónica de los evangelios... Solamente un prejuicio dogmático permite afirmar que los escritos canónicos tienen una patente exclusiva de un origen apostólico y, por tanto, de una prioridad histórica... Hay que leer las parábolas del Evangelio de Tomás como relatos por derecho propio, no como expresiones artificiales de alguna verdad gnóstica oculta.

James M. Robinson (editor general de los códices de Nag Hammadi), Introducción a *La biblioteca de Nag Hammadi en inglés* (Biblio. 4, 1977): El enfoque de esta biblioteca tiene mucho en común con el cristianismo primitivo, con la religión oriental y con «hombres (y mujeres) santos» de todos los tiempos, además de los equivalentes más seculares de hoy, como los movimientos de la contracultura aparecidos en los sesenta. El desinterés por los productos de una sociedad consumista, el retiro a comunidades de los del mismo parecer, fuera del bullicio y desorden de la distracción en la gran ciudad, el no mezclarse con los compromisos del proceso político, compartiendo el entendimiento de un grupo exclusivo tanto del curso desastroso de la cultura como de una alternativa ideal y radical normalmente no conocida —todo esto, con ropajes modernos, es el verdadero reto arraigado en materiales tales como la biblioteca de Nag Hammadi... El propio cristianismo primitivo era un movimiento radical. Jesús reclamó una inversión total de valores, proclamando el fin del mundo como lo hemos conocido y su reemplazo por un tipo de vida bastante nuevo y utópico, en que el mundo ideal sería realidad. Asumió una posición bastante independiente con respecto a las autoridades de su época... y no pasó mucho tiempo antes de que lo eliminaran. Sin embargo, sus seguidores reafirmaron su postura. Para ellos él llegó a personificar la meta final... Lo mismo que los Rollos del Mar Muerto [en Qumrán] fueron guardados en jarras para su protección y escondidos cuando se acercaba la décima legión romana, el entierro [tres siglos después] de la biblioteca de Nag Hammadi en una jarra habría sido precipitado por el acercamiento de las autoridades romanas, que para entonces se habían hecho cristianas.

———, «Nag Hammadi: los primeros cincuenta años» (discurso plenario, Sociedad de Literatura Bíblica, 1995): Claramente el Evangelio de Tomás contiene dichos que no pueden ser derivados de los evangelios canónicos... que obviamente no son gnósticos sino que tienen las mismas pretensiones de ser antiguos, e incluso auténticos, como pueda tener el estrato más viejo de dichos en los evangelios canónicos y en Q. Esto se puede ejemplificar por algunas de las parábolas del reino, en el Evangelio de Tomás... Tales dichos no son ficciones gnósticas, sino simplemente una parte de la tradición oral de los dichos atribuidos a Jesús. Lo que es tal vez más impresionante es que el Evangelio de Tomás contiene algunas parábolas neotestamentarias encontradas en su forma precanónica.

Ron Cameron, en David Noel Freedman (ed.), *The Anchor Bible Dictionary*, volumen 6 (1992): Establecer una fecha plausible de la composición [de Tomás] es especulativo y depende de una esmerada sopesación de los juicios críticos sobre la historia de la transmisión de la tradición de los dichos de Jesús, amén del proceso de formación de los textos escritos de los evangelios. La fecha más temprana posible sería a mediados del siglo I, cuando colecciones tales como el Evangelio Q de los dichos sinópticos empezaron a compilarse por primera vez. La fecha más tardía posible sería hacia finales del siglo II, antes de la copia del Papiro Oxirrinco 1 y la primera referencia al texto por Hipólito [de Roma, hacia el 170-236 d. de C.]... Una fecha de composición en, digamos, las últimas décadas del siglo I sería más probable que una fecha de mediados o finales del siglo II.

Richard Valantasis, *El Evangelio de Santo Tomás* (1997): Estos dichos funcionan para construir una subjetividad alternativa y nueva. Mediante la lectura consecutiva y deliberada de los dichos del Evangelio de Tomás, los lectores gradualmente se enteran no sólo de la nueva identidad que los dichos le atribuyen, sino también de la teología, antropología y cosmología que forman el cimiento de esa identidad nueva... Fechar el Evangelio de Tomás, por medio del núcleo más antiguo de sus dichos, sugiere una temprana datación del 60-70 d. de C... El Evangelio de Tomás no contiene cualesquiera de los sistemas o las teologías de los autores gnósticos... Conecta al oyente y buscador con la mismísima voz del Jesús viviente, hablando en medio de una comunidad interpretativa.

John Dominic Crossan, *El nacimiento del cristianismo* (1998): Grenfell y Hunt sacaron conclusiones muy decisivas sobre el texto contenido en su PapOx1. No sabían, claro está, que formaba parte del Evangelio de Tomás, pero cito su síntesis porque, a mi juicio, se aplica perfectamente a este evangelio como un todo. Ellos establecieron «cuatro puntos: (1) que tenemos aquí parte de una colección de dichos, no extractos de un evangelio narrativo; (2) que no eran heréticos; (3) que eran independientes de los cuatro evangelios en la forma conservada; (4) que eran anteriores al año 140 d. de C., y podrían remontarse al siglo I» (Bernard Grenfell y Arthur Hunt, *The Oxyrhynchus Papiri: Part I*, 1898).

Stephen J. Patterson, «La comprensión del Evangelio de Tomás hoy en día», en Stephen J. Patterson, James M. Robinson y Hans-Gebhard Bethge, *El quinto evangelio* (1998): Como una colección de dichos, es probable que Tomás se originó durante el siglo I, cuando las colecciones de dichos todavía no habían cedido el paso a otras formas más complejas de literatura, tal como el cuento narrativo o el diálogo... El radicalismo social que caracterizó la tradición sinóptica temprana, también se encuentra en el Evangelio de Tomás... Además, algunos de los rasgos más característicos del gnosticismo no se encuentran en Tomás, tal como la idea de que el mundo fue creado por un demiurgo maligno... Ahora parece lo más probable que en el Evangelio de Tomás tengamos realmente un texto nuevo, cuyas tradiciones no son derivadas, por lo demás, de otros evangelios mejor conocidos y que fue escrito originalmente en un tiempo más o menos contemporáneo al de los textos canónicos.

Higinio Alas Gómez, *Evangelios de Nag Hammadi* (1998): [El gnosticismo] básicamente negaba la realidad física de Cristo encarnado... Poco a poco los académicos han ido comprendiendo que no es justo clasificar [los] textos [de Tomás, Felipe y Valentín] como gnósticos... cuando éstos afirman claramente la encarnación, la crucifixión y la resurrección de Cristo.

Elaine H. Pagels, «La interpretación del Génesis 1 en los Evangelios de Tomás y Juan» (*Journal of Biblical Literature*, 1999): Los dichos [en el Evangelio de Tomás] no están puestos al azar, sino ordenados cuidadosamente para conducirlo a uno por un proceso de buscar y encontrar «la interpretación de estos dichos» (log. 1)... La teología y antropología de Tomás no dependen de ningún presunto «mito gnóstico» genérico. Al contrario... la fuente de esta doctrina religiosa es, simplemente, la interpretación de Génesis 1... Tal interpretación conecta el *eikon* de Gén 1:26-27 con la luz primordial... para demostrar que la imagen divina implantada en la creación capacita a la humanidad para encontrar... el regreso a su origen en el misterio de la creación primordial.

————, *Más allá de la creencia: el Evangelio secreto de Tomás* (2003): Ahora que los estudiosos han empezado a ubicar las fuentes descubiertas en Nag Hammadi, como piezas recién halladas de un complejo rompecabezas, al lado de lo que hace mucho hemos conocido de la tradición, nos enteramos de que estos extraordinarios textos, que sólo ahora están llegando a ser ampliamente conocidos, van transformando lo que conocemos como Cristianismo... Empecemos con una mirada fresca a las fuentes más familiares de todas las fuentes cristianas —los evangelios del Nuevo Testamento— bajo la perspectiva ofrecida por uno de los otros evangelios cristianos, compuesto en el siglo I y descubierto en Nag Hammadi, el evangelio de Tomás.

Nicholas Perrin, «El Evangelio de Tomás: ¿un testigo al Jesús histórico?» (discurso, reunión anual de la Sociedad de Literatura Bíblica, 2002): El Evangelio de Tomás no fue compuesto originalmente en griego... al contrario, sólo muestra evidencia de haber sido compuesto en siríaco [es decir, arameo[1]]... En segundo lugar, el Evangelio de Tomás no es una colección de dichos en proceso de evolución, con etapas distintas. Al contrario, es una unidad compuesta cuidadosamente y compilada por un editor de habla siríaca. [[1]heb ארם (*aram*) = LXX gr ΣΥΡΟΙ, como en ii-R 8:28, Ezra 4:7; véanse Biblio. 16, Mt 4:24, y www.metalog.org/files/ph_interlin/ph020a.html (línea 6)].

Jean-Yves Leloup, Introducción al *Evangelio de Felipe* (francés 2003, inglés 2004): «Remontarnos [así] hasta los orígenes cristianos es encontrarnos en un espacio de libertad sin dogmatismo, un asombroso espacio por la presencia del acontecimiento que se manifestó en la persona, las obras y las palabras del maestro de Galilea. El Evangelio de Felipe nos invita a seguir a Cristo por medio de traernos a esta vida lo que es inmortal dentro de nosotros, lo que San Juan llamó la vida eterna... Otro tema importante que muestra una afinidad entre este evangelio y el de Tomás es la idea de la no dualidad... El Evangelio de Felipe... trata de temas que eran sin duda la fuente de muchos desacuerdos en su época, al igual que lo son aún hoy en día».

Harold W. Attridge, *The New York Review of Books* (1 de mayo del 2008): «El corpus de la literatura cristiana de los siglos II y III... refleja el intenso debate entre los seguidores de Jesús... La facción que ganó estos debates fomentó su propia versión de los sucesos de esa época y suprimió cualesquiera voces discordantes... En el siglo pasado... se descubrieron un buen número de manuscritos compuestos por los vencidos en las antiguas luchas eclesiásticas... El más importante fue un conjunto de códices... descubierto en 1945 cerca del pueblo de Nag Hammadi, en Egipto... Muy pronto, se motejó de «gnóstico» al hallazgo en su integridad, retomando un término despectivo usado por los polemistas antiguos contra sus adversarios eclesiásticos. Aunque una secta, al menos, se hubiese denominado a sí misma como «los gnósticos» («los conocedores»), haciendo referencia a un conocimiento arcano, la idea de que esta etiqueta general se puede aplicar con propiedad a todas las sectas cristianas primitivas se ha criticado firmemente por parte de los especialistas contemporáneos. Los primeros cristianos, cuyas opiniones se desaprobaron, representaban un amplio abanico de opiniones y grupos sociales... La filosofía que subyace a... [esos] sistemas etiquetados generalmente como «gnósticos» debe mucho al platonismo popular de las épocas helenística y romana».

Biblical Archaelogy Review. «Los diez descubrimientos principales» (VI-X, 2009): Entre los textos de Nag Hammadi estaba el completamente preservado evangelio de Tomás, el cual no sigue a los evangelios canónicos en relatar la historia del nacimiento, vida, crucifixión y resurrección de Jesús, sino que presenta al lector una colección muy temprana de dichos de Jesús. Aunque este texto místico fue al principio consideraco como gnóstico, hoy día se piensa que revela aún otra hebra del cristianismo temprano.

EL EVANGELIO SEGÚN TOMÁS

Éstos son los dichos° secretos que ha proclamado Yeshúa° el viviente[1], y los inscribió Dídimo Judas Tomás° ([1]es decir, el resucitado; Jer 23:18, Mt 13:34, Lc 1:1, 8:10, 10:21, Jn 21:25, Ap 1:17; escaneo del MS en papiro: www.metalog.org/files/th_scan.html; hiperlinear: www.metalog.org/files/th_interlin.html).

1. **Y él {dice[1]}: Quien encuentre la interpretación de estos dichos no catará la muerte** (II-Sam 14:14, Sal 118:17, Isa 25:8, Lc 9:27, Jn 5:24, 8:51; Las Odas de San Salomón 26: «Quien podría interpretar se disolvería y se convertiría en lo interpretado»; éste parece un logion introductorio que cita a Tomás mismo,

incluido [como Jn 21:24] por sus propios discípulos, puesto que habla de lo siguiente como una colección de dichos; [1]en todos los fragmentos griegos de Tomás, «x dice» se encuentra en tiempo presente —véase Henry Barklay Swete [1897], «Comentarios eruditos recientes».

2. **Yeshúa dice: Que quien busca no deje de buscar hasta que encuentre; y cuando encuentre se turbará; y habiendo estado turbado se maravillará, y reinará sobre la totalidad° {y hallará el reposo°}** (Gén 1:26, Dan 7:27, Lc 1:29, 22:25-30!, Rev/Ap 1:6, 3:21, 20:4, 22:5; =Clemente de Alejandría, *Stromata* II.9 V.14).

3. **Yeshúa dice: Si aquellos que os guían os dicen: «¡He aquí, la soberanía está en el cielo!», entonces los pájaros del cielo os precederán. Si os dicen: «¡Está en el mar!», entonces los peces {del mar} os precederán. Más bien, la soberanía {de Dios} existe dentro de vosotros y existe fuera de vosotros. {Quien se conoce a sí mismo la hallará; y cuando os conozcáis a vosotros mismos}, sabréis que sois los Hijos del Padre viviente. Pero si no os conocéis a vosotros mismos, estáis empobrecidos y sois el empobrecimiento** (Gén 6:2, Dt 30:11-14, Os 1:10, Zac 12:1, Mal 2:10, Lc 11:41, 17:21, Tom 89, *Filebo* de Platón 48c 63c).

4. **Yeshúa dice: La persona mayor en días no vacilará en preguntar a un niño de siete días sobre el lugar de la vida —y vivirá—. Pues muchos que son primeros serán los últimos {y los últimos primeros}; y se convertirán en una sola unidad** (Gén 2:2-3, 17:12, Mt 11:25-26, 18:1-6+10-14, Lc 2:21; Mary Anne Evans

[«George Eliot»], *Middlemarch*: «Sólo pudo arrojarse, con sentido de niña acostada en el regazo de una consciencia divina que sostenía la suya»; Fiódor Dostoievski, *El idiota*: «Los niños... entienden todo... Uno sólo tiene que recordar su propia niñez»; Graham Greene, *El tercer hombre*: «Él nunca llegó a la madurez; el mundo se maduró alrededor de él, nada más»).

5. **Yeshúa dice: Conoce tú a Él quien está enfrente de tu rostro, y lo que se esconde de ti se te revelará. Pues no hay nada escondido que no será manifiesto, {y nada enterrado que no será levantado**[1]} ([1]contra el gnosticismo°; Sal 16:8, =Mt 10:26; en su escritura *Las Tradiciones*, el apóstol Matías [Hch 1:21-26] transmite el logion de Cristo: «Maravillad a lo que se os enfrenta» —citado por Clemente de Alejandría, *Stromata* II.9—; compárese también Jalaloddin Rumi [siglo XIII, Afganistán], «La pregunta», *Coplas espirituales*: «La presencia de Dios, está allí enfrente de mí»).

6. **Sus discípulos le preguntan, diciéndole: ¿Cómo quieres que ayunemos, y cómo oraremos? ¿Y cómo daremos limosna, y qué dieta mantendremos? || Yeshúa dice: No mintáis,**[1] **y no practiquéis lo que odiáis**[2] **—porque todo se revela delante del rostro del cielo—. Pues no hay nada oculto que no será manifiesto, y no hay nada cubierto que quedará sin ser destapado**[3] (Lev 19:11, Sal 139:1-16, Zac 8:16, Sir 7:13, Tom 14; [1]Feodor Dostoievsky, *Los hermanos Karamazov* II.2: «Sobre todo y ante todo, ¡no mientas!»; [2]Tobías 4:15: «No practiques lo que odias»; Confucio, *Analectas* 8:15: «¿Habrá una sola palabra... que se podría aceptar

como regla de conducta por toda la vida?... ¿No es la palabra, la *empatía*? No hagas a los demás lo que a ti no te gustaría»; Alan Turing, «Computing Machinery and Intelligence», *Mind* 1950: «No es posible producir un grupo de reglas que propone describir lo que una persona debe hacer en todas las circunstancias concebibles. Por ejemplo, uno podría tener una regla que ha de parar cuando se ve un semáforo rojo y continuar si se ve un verde; pero ¿qué hacer si... ambos aparecen juntos?»; [3]el Qur'án 27:75: «No hay nada oculto en el cielo y la tierra, sino existe en un libro claro»).

7. **Yeshúa dice: Bendito° es el león que el humano come —y el león se convertirá en humano—. Y profanado° es el humano a quien el león come —y el [humano] se convertirá en [león]** (Sal 7:1-2).

8. **Y él dice: La [soberanía] se asemeja a un pescador sabio que echó su red al mar. La sacó° del mar llena de pececillos. Entre ellos descubrió un pez[1] grande y bueno. Aquel pescador sabio devolvió todos los pececillos al mar,[2] escogió sin vacilar al pez grande. Quien tiene oídos para oír ¡qué oiga!** (=Mt 13:47-48; [1]cop ТВТ [C401b] = gr ΙΧΘΥΣ;[2] asíndeton, o la omisión de conjunciones, que caracteriza a las lenguas semíticas mas no a las camíticas e indoeuropeas —así indicando un origen hebreo o arameo subyacente al griego del cual el texto copto entonces fue traducido: véanse P338 y Matthew Black, *Un enfoque arameo de los Evangelios y los Hechos*: «El asíndeton es, en general, contrario al sentido de la lengua griega ... pero es muy típico de la aramea»).

9. **Yeshúa dice: He aquí, el sembrador salió —tomó un puñado, arrojó—. Algunas en verdad cayeron en el camino —vinieron los pájaros, las recogieron—. Otras cayeron sobre la roca madre —y no arraigaron abajo en el suelo y no brotaron espigas hacia el cielo—. Y otras cayeron entre los espinos —ellos ahogaron a las semillas y el gusano se las comió—. Y otras cayeron en la buena tierra —produjo fruto bueno hacia el cielo arriba, rindió sesenta por medida y ciento veinte por medida** (asíndeta múltiples; Mt 13:18-23, =Mc 4:3-9).
10. **Yeshúa dice: He arrojado fuego sobre el mundo/sistema° —y he aquí que lo vigilo hasta que arda** (Joel 2:3, Mt 3:11, Lc 12:49).
11. **Yeshúa dice: Este cielo será causado a pasar y el más arriba de él,[1] será causado a pasar** (I-R 8:27!, Isa 65:17, Ap 21:1, Fel 123). **Y los muertos no están vivos y los vivos no morirán** (Jn 11:25-26). **En los días en que comíais lo muerto, lo transformasteis a la vida —cuando entréis en la luz, ¿qué haréis?—. En el día en que estabais unidos, os dividisteis —pero cuando os hayáis dividido, ¿qué haréis?** (Mt 24:35, Tom 61b!, Fel 86!; [1]es decir, ¡el universo observable entero! —véase Tom 111).
12. **Los discípulos dicen a Yeshúa: Sabemos que te separarás de nosotros. ¿Quién será Rabí° sobre nosotros? || Yeshúa les dice: En el lugar a donde habéis venido, iréis a Jacob el Justo°, para el bien de que han llegado a ser el cielo y la tierra** (antignóstico; parece diálogo de la posrresurrección; Mc 6:3, Jn 7:5, Hch 1:14, 12:17, Stg 1:1).

13. Yeshúa dice a sus discípulos: Comparadme [con alguien] y decidme a quién me asemejo (Isa 46:5) || **Shimón Kefa° le dice: Te asemejas a un ángel justo.** || **Mateo° le dice: Te asemejas a un filósofo° del corazón.** || **Tomás le dice: Oh Maestro, ¡mi boca no contendrá el decir a quién te asemejas!** || **Yeshúa dice: No soy tu maestro, ya que has bebido,[1] te has embriagado del manantial burbujeante que he repartido al medirlo. Y lo lleva consigo,[1] se retira,[1] le dice tres palabras:**

אהיה אשר אהיה

ahyh ashr ahyh

SOY quien SOY

Ya al volver Tomás a sus compañeros, le preguntan: ¿Qué te dijo Yeshúa? || **Tomás les dice: Si os dijera siquiera una de las palabras de las que me dijo, cogeríais piedras para lapidarme —¡y fuego saldría de las piedras para consumiros!** ([1]asíndeton; el Nombre no aparece en el papiro, pero se puede inferir con certeza; Éx 3:14, Lev 24:16, Mc 14:62, Lc 6:40, Jn 4:14, 15:1, Tom 61b 77, Fel 125; Las Odas de San Salomón 11:6-9 —«Bebí y me embriagué con el agua viviente que no muere»—; nótese también la gematría infinita de Éx 3:14159263...).

14. Yeshúa les dice: Si ayunáis,[1] engendraréis transgresión° a vosotros mismos.[2] Y si oráis,[1] seréis condenados. Y si dais limosna,[1] causaréis maldad a vuestras[3] espíritus°. Y cuando entréis en cualquier territorio para viajar por las regiones, si os reciben comed lo

que os pongan frente a vosotros y curad a los enfermos entre ellos. Pues lo que entra en vuestra boca no os profanará, sino lo que sale de vuestra boca —eso es lo que os profanará ([1]abiertamente, en público; [2]Confucio, *Analectas* 15.31: «Una vez pasé todo el día pensando sin comer y toda la noche pensando sin acostarme; habría sido mejor pasar el tiempo estudiando»; Bhagavad Gita 11.48: «No por medio de la sagrada tradición ni ritual de sacrificio ni estudio ni caridad, no por ritos ni austeridades terribles, es posible verme»; [3]véase «La Espíritu Materna», más adelante; Isa 58:6-9, Mc 7:14-23!, Mt 6:1-6+16-18, Lc 18:1!, =Lc 10:8-9, Tom 6 95 104, Fel 74).

15. **Yeshúa dice: Cuando veáis a quien no nació de mujer, prosternaos sobre vuestro rostro y adoradle —él es vuestro Padre** (Jos 5:14, Lc 17:16, Tom 46! 101!).
16. **Yeshúa dice: Quizás la gente piense que he venido para arrojar paz sobre el mundo, y no saben que he venido para arrojar conflictos sobre la tierra —fuego, espada, guerra°** (Isa 66:15-16, Joel 2:30-31, Sof 3:8, Mal 4:1, Tom 10). **Pues habrá cinco en una casa —estarán tres contra dos y dos contra tres, el padre contra el hijo y el hijo contra el padre—. Y se pondrán de pie como solitarios** (=Miq 7:6, =Lc 12:49-53).
17. **Yeshúa dice: Yo os daré lo que ningún ojo ha visto y ningún oído ha escuchado y ninguna mano ha tocado, y que no ha surgido en la mente humana** (Isa 64:4).
18. **Los discípulos dicen a Yeshúa: Dinos cómo será nuestro fin** (Sal 39:4). || **Yeshúa dice: ¿Es que habéis descubierto el origen°, que ahora preguntáis referente al**

fin? Pues en el lugar donde existe el origen, allí existirá el fin. Bendito quien se pondrá de pie en el origen —y conocerá el fin y no catará la muerte.(Isa 48:12, Lc 20:38!, Jn 1:1-2, Tom 1 19, Ap 22:13; T. S. Eliot, *Four Quartets, Little Gidding*: «El fin es donde empecemos»; Jack Kerouac, *Visiones de Cody*: «¿Qué tipo de viaje es la vida de un ser humano que tiene principio mas no tiene fin?»).

19. **Yeshúa dice: Bendito es quien existía antes de que entrara en el ser. Si os convertís en discípulos míos y atendéis mis dichos, estas piedras se harán siervos vuestros. Pues tenéis cinco árboles° en el paraíso, los cuales no se mueven en el verano ni caen sus hojas en el invierno —quien los conocerá no catará la muerte** (los cinco sentidos?!; Job 5:23, Sal 1:3, Tom 1 18, =Fel 61!, Vrd 28).

20. **Los discípulos dicen a Yeshúa: Dinos a qué se asemeja la soberanía de los cielos. | | Él les dice: Se asemeja a una semilla de mostaza, la más pequeña de todas las semillas —pero cuando cae en tierra fértil, produce una planta grande y se hace albergue para los pájaros del cielo** (=Mc 4:30-32).

21. **Máriam° dice a Yeshúa: ¿A quiénes se asemejan tus discípulos? | | Él dice: Se asemejan a niñitos que residen en un campo que no es suyo. Cuando vengan los dueños del campo, dirán: «¡Dejadnos nuestro campo!». Se quitan su ropa frente a ellos para cedérselo y para devolverles su campo** (Tom 37). **Por eso yo digo, si el dueño de la casa se entera de que viene el ladrón, estará sobre aviso antes de que llegue y no le permitirá**

penetrar en la casa de su dominio para quitarle sus pertenencias. Pero vosotros, cuidaos del origen del sistema° —ceñid vuestros lomos con gran fuerza para que no encuentren los bandidos una manera de alcanzaros, pues hallarán la ventaja que anticipáis—. ¡Qué haya entre vosotros una persona con comprensión! —cuando maduró el fruto, vino rápido con su hoz en la mano,[1] lo cosechó—. Quien tiene oídos para oír, ¡qué oiga! ([1]asíndeton; =Mt 24:43-44).

22. **Yeshúa ve a niños que están mamando. Dice a sus discípulos: Estos niños que maman se asemejan a los que entran en la soberanía. || Le dicen: ¿Así al convertirnos en niños entraremos en la soberanía? || Yeshúa les dice: Cuando hagáis de los dos uno, y hagáis el interior como el exterior y el exterior como el interior y lo de arriba como lo de abajo, y si establecéis el varón con la mujer como una sola unidad de tal modo que el hombre no se comporte** (como) **masculino y la mujer no se comporte** (como) **femenina, cuando establezcáis ojos en el lugar de un ojo y una mano en el lugar de una mano y un pie en el lugar de un pie** (y) **una imagen° en el lugar de una imagen —entonces entraréis en** [**la soberanía**] (antignóstico; Mt 18:3; =Clemente de Alejandría, *Stromata* III —véase Tom 37n!; Mary Ann Evans [George Eliot], *Middlemarch*: «Los acontecimientos sucesivos dentro y fuera existían allí en una vista: aunque se podría concentrarse en cada uno en turno, los demás todavía mantenían su agarro en la conciencia»; Maurice Merleau-Ponty, *Fenomenología de la percepción*: «El interior y el

exterior son inseparables; el mundo existe enteramente dentro, y el yo enteramente fuera, de mí»; Las Odas de San Salomón 34:5, «La semejanza de lo de abajo es lo de arriba —pues todo es de arriba; lo de abajo no es nada más que el engaño de quienes carecen de conocimiento»; Sócrates en el *Fedro* de Platón: «Querido Pan y cualesquiera otros dioses que estén presentes, concededme hermosura en el alma interior y que el exterior y el interior sean una unidad»).

23. **Yeshúa dice: Yo os escogeré, uno entre mil y dos entre diez mil —y se pararán, haciéndose una sola unidad** (Dt 32:30, Job 33:23, Ecl 7:28).

24. **Sus discípulos dicen: Muéstranos tu lugar, pues es preciso que lo busquemos. || Él les dice: Quien tiene oídos ¡qué oiga! Dentro de un hombre de luz hay luz y él ilumina al mundo entero. Cuando no brilla, hay oscuridad** (Mt 5:14-16, Jn 13:36; parece diálogo de la post resurrección).

25. **Yeshúa dice: Ama a tu hermano como a tu alma, protégelo como a la pupila de tu ojo** (asíndeton; Dt 32:10, I-Sam 18:1, Sal 17:8, Pr 7:2, Jn 13:34-35; Tennessee Williams, *El camino real*: «La palabra más peligrosa en cualquier lengua humana es la palabra para hermano. Es incendiaria... La gente necesita la palabra. Están sedientos de él»; y el *I Ching*, hexagrama 63, Después de la terminación: «La indiferencia es la raíz de toda maldad»).

26. **Yeshúa dice: Ves la mota que está en el ojo de tu hermano, pero no ves la viga que está en tu propio ojo. Cuando saques la viga de tu propio ojo, entonces**

verás claro para quitar la mota del ojo de tu hermano (=Mt 7:3-5).

27. (**Yeshúa dice:**) **A menos que ayunéis del sistema, no encontraréis la soberanía** {**de Dios**}**; a menos que mantengáis la semana**[1] (entera) **como sábado°,**[2] **no veréis al Padre** (Mc 1:13, Jn 5:19!; Justino Mártir, *Diálogo con Trifón* 12 [ca. 160 d. de C.]: «La Ley nueva [es decir, el Evangelio] os requiere mantener un sábado perpetuo»; =Clemente de Alejandría, *Stromata* III.15; [1]aquí «sábado» = «semana» como en Lev 23:15-16: véase P133 y Paterson Brown, «The Sabbath and the Week in Thomas 27», *Novum Testamentum* 1992, www.metalog.org/files/tpb/sabbath.html; [2]es decir, llegar al reposo, como en Tom 2, 50, 60, 90).

28. **Yeshúa dice: Me puse de pie en medio del mundo y encarnado° me manifestaba a ellos.**[1] **Los encontré a todos ebrios, no encontré a nadie entre ellos sediento en su corazón. Y mi alma se apenaba por los hijos de los hombres, porque están ciegos en sus mentes y no ven que vacíos han entrado en el mundo y vacíos están destinados a salir del mundo** (Job 1:21, Ecl 5:15). **Pero ahora están ebrios —cuando sacudan su vino, entonces cambiarán de mentalidad°** (Isa 28:7; [1]enfáticamente antignóstico!, Jn 1:14; parece dicho de la posrresurrección).

29. **Yeshúa dice: Si la carne ha llegado a ser por lo espiritual, es una maravilla —pero si espíritu por lo corporal, sería una maravilla maravillosa—. Pero yo mismo me maravillo de esto: como esta gran riqueza ha sido colocado en esta pobreza** (antignóstico; Tom 2, Fel 23).

30. **Yeshúa dice: Donde hay tres dioses, {son ateos. Pero donde hay solo uno, digo que} yo mismo me quedo con él.[1] {Levantad la piedra y allí me encontraréis, partid la madera y allí estoy}** ([1] الاآلقرأن آلعريم [Qur'án, Baqarah 2:62]: «En verdad, quienes creen, incluso los judíos y los cristianos y los sabianos, quienesquiera que creen en Alá y el Día Final y que hacen obras justas tendrán su premio con su Amo; ningún miedo caerá sobre ellos ni lamentarán»; partir la madera se podría interpretar como metáfora de la crucifixión, quitar la piedra como metáfora de la resurrección; La Carta de Aristeas 15-16: http://wesley.nnu.edu/ noncanon/ot/ pseudo/aristeas.htm).
31. **Yeshúa dice: Ningún oráculo° se acepta en su propia aldea, ningún médico cura a aquellos que lo conocen** (asíndeton; =Mc 6:4, Vrd 40).
32. **Yeshúa dice: Una ciudad fortificada, construida encima de una montaña alta, no puede caer ni ser escondida** (Mt 5:14).
33. **Yeshúa dice: Lo que escucharás en tu oído, proclámalo desde tus azoteas a otros oídos. Pues nadie enciende una lámpara para ponerla debajo de un cesto ni la pone en un lugar escondido, sino que se coloca sobre el candelabro para que todos los que entran y salen vean su resplandor** (=Mt 5:15 =10:27, =Mc 4:21).
34. **Yeshúa dice: Si un ciego guía a un ciego, los dos caen juntos en un hoyo** (=Mt 15:14).
35. **Yeshúa dice: Es imposible que alguien entre en la casa del poderoso para conquistarla por la fuerza, a**

menos que le ate sus manos —entonces pillará su casa (Isa 49:24-25, =Mc 3:27).

36. **Yeshúa dice: No estéis ansiosos por la mañana a causa de la noche ni por la noche a causa de la mañana, {ni por vuestro [alimento] que comeréis ni por [vuestra vestidura] que llevaréis. Sois muy superiores a las [flores del viento] que ni cardan (lana) ni [hilan]. Cuando estéis desnudos, ¿qué os [lleváis]? O ¿quién puede aumentar vuestra estatura? Él mismo os dará vuestra vestidura}** (vestidura = imágenes?!: véanse Tom 37 84, Fel 26 107, «Ángel, imagen y símbolo» y también el antiguo y encantador «Himno de la perla»: www.metalog.org/files/himno-perla.txt; =Mt 6:25).

37. **Sus discípulos dicen: ¿Cuándo te nos aparecerás y cuándo te percibiremos? || Yeshúa dice: Cuando os quitéis vuestras vestiduras sin avergonzaros y toméis vuestras vestiduras y las pongáis bajo vuestros pies para pisar sobre ellas, como hacen los niñitos —entonces [miraréis] al Hijo del Viviente y no temeréis** (Gén 2:25, 3:7, Isa 19:2, Tom 21; vestiduras = imágenes?!; parece diálogo de la posrresurrección; Clemente de Alejandría, *Stromata* III: «Preguntó Salomé° cuándo se sabría de lo que estaba pidiendo informes. Dijo el Amo: Cuando piséis encima de la vestimenta de vergüenza y cuando los dos se conviertan en uno y el hombre con la mujer ni masculino ni femenina»; Tom 22:61b!).

38. **Yeshúa dice: Muchas veces habéis anhelado oír estos dichos que os proclamo y no tenéis otro de quien oírlos. Habrá días en que me buscaréis, pero no me**

encontraréis (Pro 1:28, Cnt 5:6, Isa 54:8, Am 8:11-12, Lc 17:22).

39. **Yeshúa dice: Los dogmáticos° y los escriturarios° han recibido las llaves del conocimiento°, pero las han escondido. No entraron ellos, ni permitían entrar a los que querían hacerlo. Pero vosotros —haceos astutos como serpientes y inocentes como palomas** (Mt 5:20, 23:1-39, =Lc 11:52, =Mt 10:16).

40. **Yeshúa dice: Ha sido plantada una enredadera sin el Padre —y (puesto que) no es vigorosa,[1] será desarraigada y destruida** ([1]asíndeton; Mt 15:13).

41. **Yeshúa dice: Quien tiene en su mano a él se le dará (más); y quien no tiene se le quitará lo poco que tiene** (=Mt 13:12).

42. **Yeshúa dice: Haceos transeúntes°** (o: «Sed conducidos de largo»; Gén 14:13 LXX traduce heb «Abram el hebreo» como «Abram el ΠΕΡΑΤΗ [nómada]»; Mt 10:1-23, 28:19-20, Jn 16:28; Matsuo Basho, *Camino estrecho al interior*: «Cada día es un viaje y el viaje mismo es nuestro hogar»; Silvia Plath, *Los diarios íntegros*: «Sólo puedo pasar adelante. Algo dentro de mí quiere más... Todavía hay tiempo para virar, para salir atrevidamente, mochila en la espalda, rumbo a lomas desconocidas sobre las cuales... sólo el viento sabe lo que haya»; Pedro Chamizo Domínguez, *Metáfora y conocimiento*: «El hombre no suele darse por satisfecho con lo conocido en cada momento, sino que en cada momento lo sabido y lo establecido como verdadero le parece como insuficiente»).

43. **Sus discípulos le dicen: ¿Quién eres?, puesto que nos dices estas cosas. || (Yeshúa les dice:) De lo que os digo no conocéis quién soy, ya que os habéis hecho como aquellos de Judea**[1] **—pues aman el árbol pero odian su fruto, y aman el fruto pero odian el árbol** (Mt 12:33, Jn 4:22; [1]es decir, *versus* «nosotros galileos», como en Jn 7:1).

44. **Yeshúa dice: Quien maldice al Padre se le perdonará; y quien maldice al Hijo se le perdonará. Pero quien maldice a la Sagrada Espíritu° no se le perdonará —ni en la tierra ni en el cielo** (=Mc 3:28-29; véase «La Espíritu Materna»).

45. **Yeshúa dice: No se cosechan uvas de los espinos ni se recogen higos de un zarzal —pues no dan fruto—. Una persona buena saca lo bueno de su tesoro; una persona perversa saca la maldad° del tesoro malo que está en su corazón y habla maliciosamente —pues de la abundancia del corazón saca la maldad** (I-Sam 24:13, =Mt 7:16 =12:34-35).

46. **Yeshúa dice: Desde Adán° hasta Juan Bautista°, entre los nacidos de mujeres no hay ninguno más enaltecido que Juan Bautista —tanto que sus ojos no se romperán—. No obstante, he dicho que quienquiera de entre vosotros que se haga como niño conocerá la soberanía y será más exaltado que Juan** (Tom 15, =Lc 7:28).

47a. **Yeshúa dice: Una persona no puede montar dos caballos ni tensar dos arcos; y un esclavo no puede servir a dos amos —de lo contrario honrará a uno y ofenderá al otro** (=Lc 16:13).

47b. **(Yeshúa dice:) Nadie bebe vino añejo° e inmediatamente quiere beber vino fresco. Y no se pone vino fresco en odres viejos, para que no se revienten. Y no se pone vino añejo en odres nuevos, para que no se agrie. No se cose remiendo viejo en ropa nueva, porque vendría un rasgón** (Job 32:19, =Lc 5:36-39).

48. **Yeshúa dice: Si dos hacen la paz entre sí dentro de esta misma casa, dirán a la montaña: «¡Muévete!» —y se moverá** (=Mt 17:20 =18:19).

49. **Yeshúa dice: Benditos son los solitarios**[1] **y escogidos —pues hallaréis la soberanía—. Puesto que son de ella, allí volveréis**[2] (Jn 16:28; [1]Boris Pasternak, *El doctor Shivago*: «Solamente los solitarios buscan la verdad y rompen con quien no la ame lo bastante»; [2]Plotino, *Enéadas* I.6.8: «La patria para nosotros existe allí, de donde hemos venido y allí existe el Padre»).

50. **Yeshúa dice: Si os dicen: ¿De dónde habéis venido?, decidles: Hemos venido de la luz, el lugar donde la luz ha llegado a ser por Él solo —Él [se puso de pie] y Él mismo se apareció en las imágenes de ellos—. Si os dicen: ¿Quiénes sois?, decid: Somos los Hijos de Él y somos los escogidos del Padre viviente. Si os preguntan: ¿Cuál es el signo en vosotros de vuestro Padre?, decidles: Es movimiento con reposo** (Isa 28:12, 30:15, Lc 16:8, Jn 12:36, Tom 27; *Bhagavad Gita* 6:27: «Cuando se tranquilice su mente, un gozo perfecto llega a la persona de disciplina; su pasión se calma, queda sin pecado, siendo unida con la Espíritu Infinita»).

51. **Sus discípulos le dicen: ¿Cuándo sucederá el reposo de los muertos, y cuándo vendrá el mundo nuevo?** | |

Él les dice: Lo que buscáis (ya) ha llegado, pero no lo conocéis (Tom 113).

52. **Sus discípulos le dicen: Veinticuatro profetas° proclamaron en Israel, y todos hablaban dentro de ti. || Él les dice: Habéis ignorado al viviente que os enfrenta, y habéis hablado de los muertos** (Tom 5; citado por san Agustín, *Contra adversarium legis et prophetarum* II.4.14; James Joyce, *Ulises* 14.111: «Has hablado del pasado y sus fantasmas... ¿Por qué pensar en ellos?... Yo... soy amo y donador de su vida»).

53. **Sus discípulos le dicen: ¿Es provechosa para nosotros la circuncisión, o no? || Él les dice: Si fuera provechosa, su padre los habría engendrado circuncisos de su madre. Pero la verdadera circuncisión espiritual se ha hecho totalmente provechosa** (Dt 10:6!).

54. **Yeshúa dice: Benditos son los pobres, pues vuestra es la soberanía de los cielos** (Dt 15:11, Stg 2:5-7, =Lc 6:20; Erich Maria Remarque, *Sin novedad en el frente*: «Los más sabios eran sólo la gente pobre y sencilla»; Jack Kerouac, *Visiones de Cody*: «Todo me pertenece pues soy pobre»; nótese que el griego de Mt 5:3, ΜΑΚΑΡΙΟΙ ΟΙ ΠΤΩΧΟΙ ΤΩ ΠΝΕΥΜΑΤΙ, se puede interpretar igualmente como «Benditos son los pobres de espíritu» o como «Benditos en espíritu son los pobres» —de los cuales el segundo tiene más sentido, puesto que el paralelo en Lc 6:20+24 explícitamente refiere a la pobreza/riqueza económica y no a la humildad/orgullo espiritual).

55. **Yeshúa dice: Quien no odia a su padre y a su madre no podrá hacerse discípulo mío. Y quien no odia a sus**

hermanos y a sus hermanas, y levanta su propia cruz[1] **a mi manera, no será hecho digno de mí** ([1]antignóstico; =Lc 14:26-27).

56. **Yeshúa dice: Quien ha conocido el sistema ha encontrado un cadáver —y quien ha encontrado un cadáver de él no es digno el sistema** (Sab 13:10).

57. **Yeshúa dice: La soberanía del Padre se asemeja a una persona que tiene semilla [buena]. Su enemigo vino de noche,**[1] **sembró maleza entre la semilla buena. El hombre no les permitió desarraigar la maleza; les dice: Para que no salgáis diciendo, «Vamos a desarraigar la maleza» y desarraigéis el trigo con ella. Pues en el día de la cosecha, aparecerá la maleza —la desarraigan y la queman** ([1]asíndeton; II-Ped 3:15-17?!, =Mt 13:24-30).

58. **Yeshúa dice: Bendita es la persona que ha padecido —ha encontrado la vida** (asíndeton; Mt 5:10-12, Stg 1:12, I-Ped 3:14; Víctor Hugo, *Los miserables*: «Haber padecido, ¡qué bueno es!»; Naguib Mahfouz, «Zaabalawi», *El mundo de Dios*: «¡Sufrir pertenece al remedio!»).

59. **Yeshúa dice: Mirad al Viviente mientras viváis, no sea que muráis y anheléis mirarlo sin poder ver** (Ecl 12:1-8).

60. **(Ven) a un samaritano° cargando un cordero, entrando en Judea. Yeshúa les dice: (¿Por qué lleva) aquél al cordero? || Le dicen: Para matarlo y comerlo. || Él les dice: Mientras está vivo no lo comerá, sino solamente después de haberlo matado y se convierta en cadáver. || Dicen: De lo contrario no podrá hacerlo. || Él les dice: Vosotros mismos, entonces —buscad**

un lugar para vosotros mismos en el reposo, para que no os hagáis cadáveres y seáis comidos (Tom 1 50; Thomas Mann, *La montaña mágica*: «La posibilidad de encontrar la salvación en el reposo»).

61a. **Yeshúa dice: Dos descansarán en una cama° —el uno morirá, el otro vivirá** (asíndeton; =Lc 17:34).

61b. **Salomé° dice: ¿Quién eres tú, hombre?** Como (**mandado**) **por alguien, te acostaste en mi cama° y comiste de mi mesa.**[1] || **Yeshúa le dice: SOY el que es de la igualdad; a mí se me han dado las cosas de mi Padre.** || **(Salomé dice:) Soy tu discípula.** || **(Yeshúa le dice:) Por eso yo digo que cuando alguien iguala se llenará de luz, pero cuando divide**[2] **se llenará de oscuridad** (Tom 37n!, Fel 11! 65!; [1]Cnt 1:4; Miguel de Cervantes, *Don Quijote* I: «Del amor se dice que todas las cosas iguala»; Teresa de Ávila, *El castillo interior* VI.4.1: «Todo es para más desear gozar al Esposo... para que tenga ánimo [una] de juntarse con tan gran Señor y tomarle por Esposo»; [2]Pr 6:19c!).

62. **Yeshúa dice: Yo comunico mis misterios a quienes** [son dignos] **de mis misterios. No dejes que tu** (mano) **izquierda sepa lo que hace tu derecha** (Mc 4:10-12, =Mt 6:3).

63. **Yeshúa dice: Había una persona rica que poseía mucho dinero, y dijo: Utilizaré mi dinero para sembrar y cosechar y volver a sembrar, para llenar mis graneros con fruto y que nada me falte. Así pensaba en su corazón —y aquella misma noche, murió—. Quien tiene oídos ¡qué oiga!** (=Lc 12:16-21).

64. **Yeshúa dice: Una persona tenía huéspedes. Y cuando había preparado el banquete, envió a su esclavo para convidar a los huéspedes. Fue al primero, le dice: «Te convida mi amo». Responde: «Debo dinero a unos mercaderes; vienen a mí en el atardecer, iré para hacerles mi pedido —ruego ser excusado del banquete». Fue a otro, le dice: «Mi amo te ha convidado». Le responde: «He comprado una casa y me necesitan por un día, no tendré (tiempo) libre». Vino a otro, le dice: «Mi amo te convida». Le responde: «Mi amigo va a casarse y planearé un festín; no podré venir —ruego ser excusado del banquete». Fue a otro, le dice: «Mi amo te convida». Le responde: «He comprado una finca; voy para recibir el alquiler, no podré venir —ruego ser excusado». Vino el esclavo, dijo a su amo: «Los que Usted ha convidado al banquete han pedido disculpa». Dice el amo a su esclavo: «Sal a los caminos —trae a quienesquiera que encuentres, para que cenen». ¡Comerciantes y mercaderes no entrarán en los lugares de mi Padre!** (asíndeta múltiples; Ezek 27-28, Sof 1:11, Zac 14:21, Mt 21:12-13, =Lc 14:16-23, Ap 18:11-20; William Wordsworth: «El mundo es demasiado con nosotros»: «Ganando y gastando, asolamos nuestros poderes»; Robert Frost, «New Hampshire»: «Tener algo que vender/Es la desgracia en la humanidad»).

65. (**Yeshúa**) **dice: Una persona bondadosa° tenía una viña. La arrendó a cultivadores, para que la labraran y recibiera de ellos su fruto. Mandó a su esclavo, para que los aparceros le dieran el fruto de la viña.**

Agarraron a su esclavo, lo golpearon —un poco más y lo habrían matado—. El esclavo fue, se lo dijo a su amo. Dijo su amo: Quizás no lo reconocieron. Mandó a otro esclavo —los aparceros lo golpearon también—. Entonces el amo mandó a su hijo. Dijo: Tal vez obedecerán a mi hijo. Ya que aquellos aparceros sabían que era el heredero de la viña, lo agarraron, lo mataron. Quien tiene oídos ¡qué oiga! (asíndeta múltiples; =Mc 12:1-8).

66. **Yeshúa dice: Mostradme la piedra que han rechazado los constructores —es la piedra angular** (Isa 28:16, =Sal 118:22 ® Mt 21:42).

67. **Yeshúa dice: Quien lo conoce todo excepto a sí mismo carece de todo** (Ecl 1:13-14, Tom 3).

68. **Yeshúa dice: Benditos sois cuando sois odiados y perseguidos; y no hallaréis sitio allá donde habéis sido perseguidos** (Mt 5:10-12).

69a. **Yeshúa dice: Benditos son quienes han sido perseguidos en su corazón —ellos son los que han conocido al Padre en verdad** (*ibíd*).

69b. (**Yeshúa dice:**) **Benditos los hambrientos, pues se llenará la barriga de el que desea** (Mt 5:6).

70. **Yeshúa dice: Cuando saquéis lo que hay dentro de vosotros, esto que tenéis os salvará. Si no tenéis eso dentro de vosotros, esto que no tenéis dentro de vosotros os matará** (Lc 11:41!).

71. **Yeshúa dice: Yo destruiré** [esta] **casa, y nadie será capaz de** [re]**construirla** (Mc 14:58, Jn 2:19).

72. [**Alguien**] **le** [**dice**]**: Diga usted a mis hermanos que repartan conmigo las posesiones de mi padre.** || **Él le**

dice: Oh hombre, ¿quién me hizo repartidor? || Se volvió a sus discípulos,[1] **les dice: No soy repartidor, ¿verdad?** ([1]asíndeton; Lc 12:13-14).

73. **Yeshúa dice: La cosecha en verdad es abundante, pero los obreros son pocos. Así pues implorad al Amo para que mandará obreros a la cosecha** (=Mt 9:37-38).

74. **(Yeshúa) dice: Oh Amo, ¡hay muchos alrededor del pozo, pero ninguno dentro del pozo!** (Orígenes, *Contra Celsum* 8.16: «¿Cómo es que muchos están alrededor del pozo y nadie entra?»).

75. **Yeshúa dice: Hay muchos que están de pie a la puerta, pero los solitarios son los que entrarán en la Cámara Nupcial°** (Mt 9:15, 25:10, Tom 16 49).

76. **Yeshúa dice: La soberanía del Padre se asemeja a un comerciante que tiene mercadería, el cual halló una perla. Aquel comerciante era sabio; vendió la mercadería, compró para sí mismo esa sola perla. Vosotros mismos, buscad el tesoro de Él, el cual no perece, que perdura —el lugar donde ni la polilla se acerca para devorar ni el gusano destruye** (asíndeta múltiples; Sal 11:7, 17:15, =Mt 6:19-20 =13:44-46, =Lk 12:33).

77. **Yeshúa dice: SOY la luz sobre todos°, SOY la totalidad. Todo salió de mí, y todo me alcanzó a mí (de nuevo). Partid la madera,**[1] **allí estoy yo; levantad la piedra y allí me encontraréis** ([1]asíndeton; Jn 8:12, Tom 30 nota; Lao Tzu, *Tao teh ching* 16: «Todas las cosas florecen, pero cada una regresa a su raíz... el Tao eterno»; Víctor Hugo, *Los miserables*: «Todo viene de la luz y todo regresa a ella»).

78. **Yeshúa dice: ¿Por qué salisteis a lo silvestre, para ver una caña sacudida por el viento? ¿Y para ver a una persona vestida con ropa lujosa? [He aquí, vuestros] gobernantes y vuestros dignatarios son los que se visten con ropa lujosa, y ellos no podrán conocer la verdad** (=Mt 11:7-8).

79. **Una mujer de la multitud le dice: ¡Bendito el vientre que te parió, y benditos los pechos que te amamantaron! || Él [le] dice: Benditos los que han oído el Logos° del Padre y lo han mantenido en verdad. Pues habrá días en los que diréis: ¡Bendito este vientre que no ha concebido y estos pechos que no han amamantado!** (Lc 1:42 =11:27-28, 23:29).

80. **Yeshúa dice: Quien ha conocido el sistema ha encontrado el cuerpo; mas quien ha encontrado el cuerpo de él no es digno el sistema** (Tom 56).

81. **Yeshúa dice: Quien ha sido enriquecido que se haga soberano; y quien posee poder que** (lo) **renuncie** (así soberano sin poder: ¡un koan zen verdadero!).

82. **Yeshúa dice: Quien está cerca de mí está cerca del fuego, y quien está lejos de mí está lejos de la soberanía** (citado por Orígenes, *Homilía sobre Jeremías* XX.3).

83. **Yeshúa dice: Las imágenes se manifiestan a la humanidad, y** (sin embargo) **la luz dentro de ellas se esconde** (Tom 19). **Él se revelará en la imagen de la luz del Padre —**(pero todavía) **su luz esconde a su imagen** (Víctor Hugo, *Los miserables*: «Dios existe detrás de todas las cosas, pero todas las cosas esconden a Dios»; Sal 104:2!).

84. **Yeshúa dice: Cuando veis vuestro reflejo, os regocijáis. Pero cuando percibáis vuestras imágenes, que han entrado en la existencia desde vuestra Origen —las cuales ni mueren ni representan[1]—, ¿hasta qué punto dependerán de[2] vosotros?** ([1]es decir, no manifiestan *otra cosa* que está situada más allá, bajo o dentro de sí mismos; [2]cop 6a, véase P269.1: «usada después de verbos de cargar o llevar, cuando el cargador se considera como bajo la carga»; este dicho es la bisagra epistemológica [y por ello ontológica] del texto entero; véanse Éx 14:14, Sal 139:16, Pro 20:24, Jn 5:19, Tom 19 y «Ángel, imagen y símbolo»; Antón Chékhov, «Ana en el cuello»: «Cuando Ana... en el espejo enorme, se vio toda de sí misma, iluminada por luces sin número, un sentimiento de regocijo despertó en su alma»; Chuang-tsé [China, siglo IV a. de C.]: «La alegría, el enojo, la aflicción, el deleite, la preocupación, el remordimiento, la veleidad, la inflexibilidad, la modestia, la voluntad, la sinceridad, la insolencia: sin ellos no existiríamos, sin nosotros no tienen nada que agarrar... parece que tienen algún Maestro Verdadero, pero no encuentro ninguna huella de él; puede actuar —eso cierto es—; sin embargo, no puedo ver su forma; tiene identidad pero no tiene forma»; Alexander Pope, *Ensayo sobre el hombre* I.34: «¿Sostenido por Dios o por ti?»).

85. **Yeshúa dice: Adán entró en la existencia por un gran poder y una gran riqueza, y (sin embargo) no se hizo digno de vosotros. Pues si hubiera sido digno, no [habría catado] la muerte** (Gén 3:19, Tom 1).

86. **Yeshúa dice: [Los zorros tienen sus guaridas] y los pájaros tienen sus nidos, pero el hijo de la humanidad no tiene ningún lugar para poner su cabeza y descansar** (Dan 7:13-14, =Mt 8:20).

87. **Yeshúa dice: Miserable es el cuerpo que depende de** (otro) **cuerpo, y miserable es el alma que depende de estar juntos ellos** (II-Sam 13:1-22, Tom 112).

88. **Yeshúa dice: Los ángeles y los profetas están viniendo a vosotros, y os regalarán lo vuestro. Y vosotros mismos, dadles lo que tenéis en vuestras manos y decid entre vosotros: ¿En qué día vienen para recibir lo suyo?** (Ap 21:17!).

89. **Yeshúa dice: ¿Por qué laváis el exterior del cáliz? ¿No comprendéis que el que crea el interior también es el que crea el exterior?** (Lc 11:39-41).

90. **Yeshúa dice: Venid a mí, pues mi yoga° es natural° y mi señoría es manso —y hallaréis reposo para vosotros mismos** (Mt 11:28-30, Tom 60).

91. **Le dicen: Dinos quién eres tú, para que confiemos en ti. || Él les dice: Escudriñáis la faz del cielo y de la tierra —pero no habéis conocido a quien tenéis enfrente, y no sabéis preguntarle en este momento** (Tom 5 52 76 84, =Lc 12:56).

92. **Yeshúa dice: Buscad y encontraréis. Pero las cosas que me preguntabais en aquellos días no os las dije entonces. Ahora quiero comunicarlas y no preguntáis sobre ellas** (=Mt 7:7-8; Mencius, siglo IV a. de C. China: «Suelen decir, Buscad y lo encontraréis, desatended y lo perderéis»).

93. **(Yeshúa dice:) No deis lo sagrado a los perros, para que no lo echen en el estercolero. No arrojéis las perlas a los cerdos, para que no (los) quiebren en pedazos** (Pro 23:9 =Mt 7:6).

94. **Yeshúa** [**dice**]**: Quien busca encontrará.** [**Y a quien aldabea**] **se le abrirá** (=Mt 7:8).

95. [**Yeshúa dice:**] **Si tenéis monedas-de-cobre,**[1] **no las prestéis a interés —sino dad**[**las**] **a aquel que no te reembolsará.**(Lc 6:30-36; [1]aquí en el códice de papiro encuadernado hay una hoja perplejamente en blanco por las dos caras).

96. **Yeshúa** [**dice:**] **La soberanía del Padre se asemeja a** [**una**] **mujer** (**que**[1]) **ha tomado un poco de levadura,**[1] **la** [**ha escondido**] **en la masa,**[1] **sacó grandes panes de ella. Quien tiene oídos ¡qué oiga!** ([1]asíndeta; =Mt 13:33).

97. **Yeshúa dice: La soberanía del** [**Padre**] **se asemeja a una mujer que lleva una jarra llena de grano.** (**Mientras**) **estaba andando** [**por un**] **camino lejano, se rompió el asa de la jarra, derramó el grano detrás de ella en el camino. No** (**lo**) **observaba, no había notado ningún accidente.** (**Cuando**) **llegó a su casa, puso la jarra en el suelo —la descubrió vacía** (asíndeta).

98. **Yeshúa dice: La soberanía del Padre se asemeja a una persona que desea matar a una persona eminente. En su casa desenvainó la espada,**[1] **la clavó en la pared para averiguar si su mano vencería. Luego asesinó a la persona eminente** ([1]asíndeton; NB la lengua como «la espada en la boca»: Isa 49:2, Ap 1:16).

99. **Le dicen sus discípulos: Tus hermanos y tu madre están de pie ahí fuera. | | Él les dice: Los que cumplen aquí los deseos de mi Padre —éstos son mis Hermanos y mi Madre—. Ellos son los que entrarán en la soberanía de mi Padre.**(Tom 15, =Mc 3:31-35).

100. **Le mostraron a Yeshúa un [denario] y le dicen: Los agentes del César nos exigen impuestos. | | Él les dice: Dad al César las cosas del César, dad a Dios las cosas de Dios, y dadme a mí lo mío** (Ap 13:18 ¬ I-R 10:14?!: una gematría extraordinaria, indicando 666 como un símbolo *monetario*; =Mt 22:16-21).

101. **(Yeshúa dice:) Quien no odia a su padre y a su madre a mi manera no podrá hacerse [discípulo] mío. Y quien [no] ama a su [Padre] y a su Madre a mi manera no podrá hacerse discípulo mío. Pues mi madre [parió° a mi cuerpo], pero [mi Madre] verdadera me dio la vida** (Job 33:4!, Jn 2:4, Tom 15, 79, 99, =Lc 14:26; véanse «La Espíritu Materna» y «Teogénesis»; Las Odas de San Salomón 35:6 —«Yo era llevado como un niño por su madre»; Bhagwan Shree Rajneesh, *La semilla de la mostaza*: «Tu madre parió a tu cuerpo, no a ti»).

102. **Yeshúa dice: ¡Ay de los dogmáticos! —pues se asemejan a un perro dormido en el pesebre de los bueyes. Pues ni come ni deja que coman los bueyes** (Tom 39; *Las fábulas* de Esopo°).

103. **Yeshúa dice: Bendita es la persona que sabe por [cuál] parte entran los ladrones, porque se levantará y recojerá sus [pertenencias] y ceñirá sus lomos antes de que ingresen** (=Lc 12:35+39).

104. **[Le] dicen: ¡Ven, oremos y ayunemos hoy! || Yeshúa dice: ¿Cuál pues es la transgresión que he cometido yo, o en qué he sido vencido? Pero cuando salga el Novio de la Cámara Nupcial, ¡entonces que ayunen y oren!** (Mc 2:19-20, Tom 14).

105. **Yeshúa dice: Quien reconocerá a padre y madre será llamado hijo de ramera** (Mt 23:8-9, Lc 14:26, Jn 8:41, Tom 101, «Teogénesis»).

106. **Yeshúa dice: Cuando hagáis de los dos uno,**[1] **os convertiréis en hijos de la humanidad**[2] **—y cuando digáis a la montaña «¡Muévete!», se moverá** ([1]Tom 22, el *Tao te ching* 1 de Lao Tzu: «Estos dos son el mismo»; [2]Dan 7:13-14, Tom 86).

107. **Yeshúa dice: La soberanía se asemeja a un pastor que posee 100 ovejas. Se extravió una de ellas, que era la más grande. Él dejó las 99, buscó a aquella una hasta que la encontró. Habiéndose cansado, dice a esa oveja: «¡Te quiero a ti más que a las 99!»** (Ezeq 34:15-16, =Lc 15:3-6).

108. **Yeshúa dice: Quien bebe de mi boca se hará semejante a mí. Yo mismo me haré como él es, y los secretos se le relevarán** (Lc 6:40, Jn 4:7-15, 7:37).

109. **Yeshúa dice: La soberanía se asemeja a una persona que tenía un tesoro [escondido] en su campo sin enterarse de ello. Y [después de] su muerte, lo legó a su [hijo. El] hijo no (lo) sabía, aceptó aquel campo, [lo] vendió. Y vino quien lo compró —ara, [descubrió] el tesoro. Empezó a prestar dinero a interés, a quienesquiera que desea** (asíndeta múltiples; *Las fábulas* de Esopo, Mt 13:44).

110. **Yeshúa dice: Quien ha encontrado el mundo y se ha enriquecido que renuncie al mundo** (Tom 81).

111. **Yeshúa dice: El cielo y la tierra estarán enrollados en vuestra presencia; y quien vive de dentro del Viviente no verá ni la muerte [ni el miedo]. Por eso Yeshúa dice:[1] Quien se encuentra a sí mismo el mundo no es digno de él** ([1]aparentemente interpolado por Tomás mismo; Isa 34:4, Lc 21:33, Tom 11!!, Ap 6:14).

112. **Yeshúa dice: ¡Ay de la carne que depende del alma, ay del alma que depende de la carne!** (asíndeton; Tom 87).

113. **Sus discípulos le dicen: ¿Cuándo vendrá la soberanía? || (Yeshúa dice:) No vendrá por (estar a) la mira. No dirán: ¡Mirad aquí! o: ¡Mirad allá! Sino que la soberanía del Padre se despliega sobre la tierra, y los humanos no la ven** (antignóstico!; Lc 17:20-21, Tom 51; Henry David Thoreau, *Walden*: «El cielo se halla bajo nuestros pies, así como sobre nuestras cabezas»).

114. **Shimón Kefa les dice: Que Máriam salga de entre nosotros, pues las mujeres no son dignas de la vida** (Pro 31:3, Ecl 7:28!). || **Yeshúa dice: He aquí, yo mismo la inspiraré° a ella para que la haga varón, para que ella también se convierta en una espíritu viviente semejante a vosotros varones.[1] Pues cada mujer que se hace varón entrará en la soberanía de los cielos** ([1]¡exquisitamente irónico, pues «espíritu» en arameo —la lengua original del logion— es femenina!; Gén 3:16, Éx 18:2, Tom 22!; Clemente de Alejandría, *Stromata* VI.12: «Las almas no son ni masculinas ni femeninas, cuando ya no se casan ni se dan en casamiento [Lc 20:34-36]; y ¿no es la mujer convertida en

varón, cuando se ha hecho igualmente no femenina y varonil y perfecta?»; *Las 1001 noches* I: «¡No contad con las mujeres, no confiad en sus corazones!»).

NOTAS A TOMÁS

(*hiperlinear*: www.metalog.org/files/th_interlin.html)

El copto fue la etapa milenaria final de la lengua egipcia clásica, que se desarrolló después de la invasión de Alejandro Magno (332 a. de C.) y que posteriormente fue reemplazada por el árabe después de la conquista musulmana (640 d. de C.); véase Biblio. 14. Siempre ha sido la lengua litúrgica de la Iglesia egipcia; además, las versiones coptas antiguas del AT y del NT son de gran importancia para los estudios textuales bíblicos. Utiliza muchas palabras prestadas del griego y también adoptó el alfabeto griego, añadiendo estas letras: ϣ (shai), ϥ (fai), ϩ (geori), ϫ (chancha), ϭ (guima), ϯ (ti) y ¯ (indicador de sílaba o abreviación); www.proel.org/alfabetos/copto.html y P001. Los términos en castellano que se deriven del egipcio antiguo vía copto, incluyen «faraón» (cop ⲡ.ⲣ̄ⲣⲟ: el-rey, P080 C299a), «adobe» (cop ⲧⲱⲱⲃⲉ: ladrillo, C398a; vía árabe), «oasis» (del egipcio vía griego; paralelo copto ⲟⲩⲁϩⲉ, C508b), y «maná» (cop ⲙⲟⲟⲛⲉ: alimentar, C173a). «C...» y «P...» son referencias al *Diccionario* de Crum y la *Gramática* de Plumley (Biblio. 5+6).

Adán (46; 85): heb אדם (rojo sanguíneo, barro); el humano original, o la humanidad en general.

Amo (47a, 64, 65, 73, 74): heb אדון (*adón*) = gr ΚΥΡΙΟΣ = cop ϪΟЄΙC (C787b); dueño de un esclavo, soberano sobre una persona; el título «señor» en castellano, puesto que se aplica a cualquier hombre, no es una traducción adecuada de este título; véase Fel 2.

Añejo/Bondadoso/Natural (47b, 65, 90): gr ΧΡΗΣΤΟΣ (útil, añejo, benévolo, manso, fácil); Fel 126; los antiguos a menudo confundían este término común con el raro ΧΡΙΣΤΟΣ, referente al Mesías hebreo.

Árboles (19): «cinco árboles» bien podría referirse a los cinco sentidos (NB que todas las emociones se podrían incluir como *sensaciones simbólicas*); véanse Vrd 28 y «Ángel, imagen y símbolo»; conviene señalar que las hojas del olivo no brotan cada año, esto es, que es una planta perennifolia.

Bendito (7, 18, 19, 49, 54, 58, 68, 69a, 69b, 79, 103): gr ΜΑΚΑΡΙΟΣ (véase nota 2 en el *hiperlinear* del logion 7: www.metalog.org/files/th_interlin/th007.html); Mt 5:3 *et passim*.

Cama (61b NB también en 61a): el texto copto es:

ⲁ.ⲕ.ⲧⲉⲗⲟ ⲉϫⲙ̄ ⲡⲁ.ⲅⲗⲟⲅ
P199a-P035-C408b C757a P050-C815a
Pasado.tú[*masc*].acostar(se) en mi.cama.

Este último término es la única palabra copta sahídica por «cama». *Pace* Guillaumont *et alia* (Biblio. 7) no significa «banca», que sería *poi* (C260b); tampoco significa «sofá», para el cual hay varios términos enumerados en el índice inglés de Crum (bajo *couch*), por ejemplo, ΜⲀ Ⲛ̄.ⲚⲔⲞⲦⲔ (lugar de-recuesto, C225a) —así, en la versión sahídica de Hch 5:15, ⲄⲖⲞⲄ se usa por ΚΛΙΝΑΡΙΟΝ y ΜⲀ Ⲛ̄.ⲚⲔⲞⲦⲔ por ΚΡΑΒΒΑΤΟΣ (estoy agradecido a Hany Takla por esta referencia).

Cámara Nupcial (75, 104): cop ΜⲀ Ⲛ̄.ϢⲈⲖⲈⲈⲦ (lugar de novia; C153a C560b) = gr ΝΥΜΦΩΝ = heb חדר (*jeder*); la cámara donde se consuma el matrimonio (Jue 15:1, Sal 19:5, 45:13-15!, Cnt 1:4, Jn 3:29!, Mt 9:15 [OI YIOI TOY ΝΥΜΦΟΣ, los Hijos de la Cámara Nupcial], 25:1-13) —véanse Fel 65, 71, 72, 73, 82, 94, 101, 108, 131, 143, Sacramento en «Notas a Felipe».

Cielo (3, 6, 9, 11, 12, 20, 44, 54, 91, 111, 114): cop ⲠⲈ (C259a) = gr ΟΥΡΑΝΟΣ = heb שמים (*shamayim*; plural).

Conocimiento (39, 43, 51, 56, 67, 69a, 78, 80, 91, 105): cop ⲤⲞⲞⲨⲚ (C369b) = gr ΓΝΩΣΙΣ (gnosis); este importante término significa conocimiento directo y personal, en lugar de mera cognición intelectual, como en Jn 17:25 y I-Jn 4:7; véanse Tom 5, Fel 116, 122, 134, Vrd 1, 4, 6, etc., Encarnado y Gnosticismo.

Dogmáticos (39, 102): aram פרושים (*perushim*, «fariseos»: separados); clérigos judíos dogmáticos ubicuos de aquel tiempo, el partido religioso de Pablo de Tarso; Mt 5:20, 23:1-39, Hch 26:5 etc.

Encarnado (28): cop ϨⲚ̄ ⲤⲀⲢⲜ («en carne» —utilizando la misma palabra griega como Jn 1:14, ΣΑΡΞ); así *evidentemente antignóstico*; véase Gnosticismo.

Escriturario (39): gr ΓΡΑΜΜΑΤΕΥΣ (escriba); un estudioso de las escrituras; Mt 23:1-39, etc.

Esopo (102, 109): esclavo griego cojo que floreció en el siglo VI a. de C. y fue ejecutado en Delfos por «impiedad», cuyas *Fábulas* eran bien conocidas por todo el mundo antiguo; el único no israelita además del Oráculo Délfico («Conócete a ti mismo»: Tom 3) a quien se sabe que había citado Cristo, como también en Lc 4:23 (la moraleja de «La rana curandera»), Mt 7:15 («El lobo vestido de oveja») y varias otras alusiones.

Espíritu (14, 29, 44, 53, 60, 101, 114): heb רוח (*rúaj*; género femenino!) = aram רוחא (*rúja*),[1] gr ΠΝΕΥΜΑ (género neutro!),[1] latín *SPIRITUS* (género masculino!); en todos estos idiomas la palabra para «espíritu» deriva de «respiración» o «viento» (Isa 57:16, Jn 3:5-8); véanse Sagrada Espíritu y Com. 2.

Filósofo (13): gr ΦΙΛΟΣΟΦΟΣ (aficionado a la sabiduría); esta palabra (acuñada por el presocrático Pitágoras) no tiene ningún equivalente exacto en hebreo/arameo, y por ello el propio Mateo quizás se hubiera visto obligado a utilizar el vocablo griego; no obstante, véase el paralelo en Job 9:4, חכם לבב (*jakam liba*), «sabio de corazón».

Gnosticismo (5): referente al *antignosticismo* de estos textos, véanse Conocimiento, Encarnado y «¿Son gnósticos los evangelios coptos?», más adelante; el «gnosticismo» es por definición metafísicamente platónico, sosteniendo que tanto el universo perceptible como la encarnación son *ilusorios*; nuestros textos, al contrario, comparten la visión bíblica de que tanto el universo como nuestras encarnaciones son *creados por Dios*.

Guerra (16): gr ΠΟΛΕΜΟΣ; hoy en día, se podría interpretar «las estrellas cayendo del cielo» (Isa 34:4, Mc 13:25, Ap

6:13, 8:6-12 y ss.) como una guerra nuclear, puesto que las bombas de hidrógeno son literalmente «estrellitas» hechas por la tecnología humana; «dentro de esta generación» en Lc 21:24-32 se cuenta explícitamente desde la reconquista de Jerusalén (es decir, junio de 1967) y *no* desde la fundación del estado moderno de Israel (mayo de 1948); en el AT, una generación israelita podría extenderse desde cuarenta años (Núm 14:33, Dt 2:14) hasta cien años (Gén 15:13-16).

Imagen/Imágenes (22, 50, 83, 84): gr EIKΩN (similitud) = heb צלם (*tselem*, de צל [*tsel*, sombra]; Gén 1:26); percepciones sensibles o imágenes mentales, los cinco sentidos (Tom 19!) junto con la memoria y la imaginación; véase «Ángel, imagen y símbolo».

Inspirar (114): cop CⲞK (atraer, encantar, recoger o impeler [*no* meramente guiar]: C325b); como en la versión sahídica de Jn 6:44! (gr EΛKΩ).

Jacob el Justo (12): heb יעקב (*yakov*: talón, suplantador, Gén 25:26) = gr IAKΩBOΣ; Santiago, hermano humano de Cristo (Mc 6:3, Jn 7:5, Hch 1:14, 12:17, Stg 1:1), después mayor en la Iglesia de Jerusalén.

Juan Bautista (46, 78): Juan = heb יוחנן (Yah es misericordioso); el último profeta hebreo y el precursor mesiánico (Lc 1, 3, 7); proclamó la doctrina sumamente innovadora del *perdón* después de arrepentimiento (Mc 1:4) —así «¡el mal karma se cancela por el perdón!»; véanse Oráculo, Fel 73, 81, 133, Bautismo en «Notas a Felipe» y Significados en «Notas a la Verdad».

Logos/Dicho (Prólogo 1, 19, 38, 79): gr ΛOΓOΣ (concepto + expresión, significación) = cop ϢⲀϪⲈ (C612b) = heb אמר (*amr*) = aram מימרא (*memra*); Jn 1:1 así se lee «En (el) origen era la Significación»; el término griego ordinario para «palabra» es PHMA.

Maldad (45): gr ΠΟΝΕΡΟΣ; este término tiene una significación básica de trabajo duro o labor penosa, así como opresivo o explotador; la lista específica de Cristo, de 12 maldades, Mc 7:22-23: (**1**) ΠΟΡΝΕΙΑ: prostitución (véase «Notas a Felipe»), cualquier sexualidad *explicitamente* prohibida por la Torah; (**2**) ΚΛΟΠΗ: robo; (**3**) ΦΟΝΟΣ: homicidio; (**4**) ΜΟΙΧΕΙΑ: adulterio; (**5**) ΠΛΕΟΝΕΞΙΑ: tacañería; (**6**) ΠΟΝΗΡΙΑ: malicia; (**7**) ΔΟΛΟΣ: engaño; (**8**) ΑΣΕΛΓΕΙΑ: lascivia [literalmente: no-luna-conduciendo!]; (**9**) ΟΦΘΑΛΜΟΣ ΠΟΝΗΡΟΣ: aojo envidioso/celoso/egoísta [Dt 15:9, Mt 20:15]; (**10**) ΒΛΑΣΦΗΜΙΑ: burla; (**11**) ΥΠΕΡΗΦΑΝΙΑ: orgullo; (**12**) ΑΦΡΟΣΥΝΗ: necedad [literalmente: mente dividida, ambivalencia; Ap 3:15-16!].

Máriam (21, 114): heb מרים (de מרום, *mrom*: exaltado [Strong's 04791]: Éx 2:4, 15:20); en los evangelios aparecen cinco mujeres con el nombre de Máriam: la Virgen, Máriam de Magdala, Máriam de Betania, Máriam de Cleofás y Máriam la hermana humana del Señor (Mc 6:3, Fel 36); el LXX además de los mejores manuscritos de, por ejemplo, Jn 20 (vs. 1 [א A], vs. 11 [פ66c א], vs. 16 [א B], vs. 18 [פ66 א B]) dan la transcripción correcta de este nombre semítico en letras griegas: ΜΑΡΙΑΜ.

Mateo (13): heb מתן־יה (*matthiyah*: regalo de Yah); el apóstol y evangelista, también llamado «Leví de Alfeo» (véanse Leví en «Notasa Felipe», Mc 2:14), hermano del apóstol Jacob de Alfeo; Mt 10:3, etc.

Mentalidad, Cambio de (28): gr ΜΕΤΑΝΟΕΩ (ser con-mente, tras-mente, entero de mente, reconsiderar) = heb שוב

(*shub*: dar vuelta, volverse), Sal 7:12, 22:27, Mt 3:1-2, 4:17, Lc 3:2-14; el mensaje inicial tanto de Juan Bautista como de Cristo; el destacable término «metanoia» contrasta con «paranoia» (lado-mente, sin-mente) —no significa una mera emoción de remordimiento, que es ΜΕΤΑΜΕΛΟΣ (con/tras-sentimiento), sino *una mentalidad nueva*; sin embargo, en los evangelios este término griego representó el semítico: «¡Dad vuelta! ¡Volveos!».

Mundo/Sistema (10, 16, 21, 24, 27, 28, 51, 56, 80, 110, 111): gr ΚΟΣΜΟΣ (arreglo, orden); originalmente el filósofo presocrático Pitágoras había utilizado este término para designar el universo natural entero, igual que nuestro «cosmos»; pero en la *koinê* (griego común posclásico) de los evangelios también significaba el convencionalismo o la artificialidad del sistema social humano, como en «cosmético»; véanse Lc 2:1, 4:5-6, 12:30-31.

Oráculo/Profeta (31, 52, 88): gr ΠΡΟΦΗΤΗΣ = heb נביא (*nabi*); un portavoz de Dios, no meramente pronosticador; nótese que hay 24 libros en el canon hebreo del AT y también 24 profetas incluido Juan Bautista (véanse IV-Ezra 14:45, Ap 4:4).

Origen (18): gr ΑΡΧΗ; un término de los filósofos griegos presocráticos, que no significa un principio temporal sino el cimiento de la realidad (así en Gén 1:1, LXX, Mc 1:1, Jn 1:1).

Parir (101): texto copto interpolado (el papiro: www.metalog.org/files/pap.gif):

ⲦⲀ.ⲘⲀⲀⲨ ⲄⲀⲢ ⲚⲦⲀ.[Ⲥ.ⲘⲒⲤⲈ ⲠⲀ.ⲤⲰⲘⲀ ⲈⲂ]ⲞⲖ

P050-C197a gr P202+P186b-P035-C185a P050-gr C034a

Mi.madre pues *pasado-II*.[ella.parir mi.cuerpo adel]ante.

Profanar (7): cop ⲂⲎⲦ (de ⲂⲰⲦⲈ, contaminar, ser abominable; C045b) véase Profanación en «Notas a Felipe».

Rabí (12): heb רבי (grandioso mío) = cop ⲚⲞϬ (grande, C250a); una autoridad espiritual; Jn 1:38, 3:26, Mt 23:7.

Reposo (2, 50, 51, 60, 90): gr ΑΝΑΠΑΥΣΙΣ (cesando de subir); Éx 23:12, Isa 28:12, Mt 11:28; véase también Tom 27.

Sábado (27): heb שבת (*shabat*: reposo); el séptimo día, de descanso; Éx 21:8-11, Lc 6:1-11, Vrd 7 33 —véase la perícopa Lc 6:4+ en Códice D (05) [Bezae]: «Aquel mismo día, vio a alguien trabajando en el sábado,[1] le dijo: Hombre, si en verdad entiendes lo que haces, eres bendito; si en verdad no entiendes, eres maldito y transgresor de la Torah»; Nestle-Aland, Biblio. 15, notas textuales ([1]asíndeton).

Sagrada Espíritu (44): heb רוח הקדש (*ruaj ha-qodesh*, Espíritu la-Sagrada; género femenino)[1] gr ΠΝΕΥΜΑ ΤΟ ΑΓΙΟΝ (género neutro)[1] cop Π.ΠΝЄΥΜⲀ ЄΤ.ΟΥⲀⲀⲂ (P080, género masculino; igual que latín *SPIRITUS SANCTUS*); véanse Espíritu y «La Espíritu Materna», más adelante.

Salomé (37n, 61b): heb שלומית (*shlomit*: pacífica); una discípula temprana (Mc 15:40-41, 16:1-8); Fel 59!, 79!

Samaritano (60): aquellos israelitas del Reino del Norte no deportados a Babilonia y que desconocían las últimas escrituras del AT (I-R 16:24, II-R 17) por eso en tiempos del post-exilio eran considerados como herejes (como en Lc 10:25-37, Jn 4:1-42).

Shimón Kefa (13, 114): heb שמעון (*shimon*: «oír», Gén 29:33); aram כיפא (*kefa*) = gr ΠΕΤΡΟΣ (roca-madre) —el apóstol principal, Simón Pedro (Mt 10:2, 16:15-19).

Tomás (Prólogo 13 Colofón): aram תאום (*taom*) = gr ΔΙΔΥΜΟΣ (duplicado, gemelo); el apóstol Tomás, autor de este texto

(Jn 11:16, 20:24-29, 21:2); nótese también que el hebreo «Judas» = «alabado» = árabe «hamad» como en «Nag Hammadi» (pueblo de-alabanza) y «Mohámad» (gran-alabanza), el profeta ismaelita: Gén 16-17, 21:1-21, 25:12-18, Zac 9:6-7!, además tanto el *Qur'án* como —de suma importancia— el *Hadit* (www.metalog.org/files/hadith. html).

Totalidad/Todo (2, 6, 67, 77): cop ТНР.ϥ («todo de él», C424a).

Transeúnte (42): gr ΠΑΡΑΓΕΙΝ (alguien conducido de largo, viandante, ambulante); véase Hebreo en «Notas a Felipe».

Transgresión (14, 104): cop ΝΟΒΕ (C222a) = gr ΑΜΑΡΤΙΑ = heb חטאת (*jatat*); un error moral, un pecado = una infracción de la Torah (la palabra «pecado» no tiene otra significación en el contexto bíblico entero); véanse Perfecto, Torah y Profanación en «Notas a felipe».

Yeshúa (Prólogo *et passim*): aram ישוע = heb יהושוע (*Yehóshua*); de יהוה־ישע (*YHWH ysha*: Él-Es Salvador); Jos 1:1, Esd 5:2 (la forma aramea), Mt 1:21, Fel 20a; este nombre no se podía transcribir exactamente en griego, donde —al igual que en castellano— falta el sonido de SH; en los manuscritos unciales griegos y coptos, generalmente fue abreviado $\overline{\text{IC}}$ o $\overline{\text{IHC}}$; véase también cómo se deletrea el Tetragrámaton del segundo mandamiento *exclusivamente* en el Decálogo dentro de la sinagoga: יהיה (la forma gramatical correcta de «Él Es»): www.metalog.org/files/decalogue. jpg.

Yoga (90): cop ΝΑϨΒ («yugo», C726), con el significado aquí, igual que en los evangelios canónicos, una disciplina espiritual (el término sánscrito afín «yoga» recoge bastante bien este sentido); véase Fel 79.

EL EVANGELIO SEGÚN FELIPE

1. **Un hebreo° hace a un (converso) hebreo, y le llaman de esta manera: novicio° (prosélito). Pero un novicio no hace a (otro) novicio. [...] (Los instruidos) no eran como son (ahora),**[1] **[...] y hacen a otros [...para que reciban igual que ellos mismos.] A esos (otros) les basta que serán** ([1]Lc 6:40, Tom 19!; Mt 23:15, Hch 2:10, 6:5; *hiperlineares* de todos los logia: www.metalog.org/files/ph_interlin.html).
2. **El esclavo solamente aspira a ser liberado, mas no ambiciona la propiedad de su amo. Pero el hijo no solamente actúa como hijo, sino también el padre le asigna la herencia** (Gén 15:2-3, Pro 17:2, Jn 8:35, Tom 72).

3. **Quienes heredan lo muerto están muertos ellos mismos y heredan lo muerto. Quienes heredan al Viviente, viven ellos mismos, y heredan tanto lo vivo como lo muerto. Los muertos no heredan nada. Pues ¿cómo va a heredar el muerto? Cuando el muerto herede al Viviente, no morirá; sino que el muerto vivirá** (Tom 111).
4. **Un nacionalista° no muere, pues no ha vivido nunca para que pudiera morir.[1] Quien ha confiado° en la verdad (llegó a ser) vivo —y corre peligro de morir (como un mártir), pues está vivo desde el día en que vino el Cristo°** (Gén 12:1-3, Mt 24:9; [1]Desiderio Erasmo, *Elogio de la locura*: «La verdad es que importa poco cuando tal hombre muera; nunca ha vivido»).
5. **El sistema se inventa, las ciudades se construyen, los muertos se sacan fuera** (asíndeta; Isa 40:17, Ap 18, Lc 9:60, Fel 105).
6. **En los días en que éramos hebreos, estábamos dejados huérfanos, teniendo solamente a nuestra Madre, (la Espíritu°). Pero, cuando llegamos a ser mesiánicos°, Padre empezó a estar con Madre para nosotros.**
7. **Quienes siembran en invierno cosechan en verano. El invierno es el mundo,[1] el verano es la otra época°. ¡Sembremos en el mundo para cosechar en el verano! A causa de esto, nos conviene no rezar en el invierno. Lo que surge del invierno es el verano. Pero si alguien cosecha en el invierno, no cosecha sino que arrancará, puesto que de esta manera no se producirá fruto. No solamente [no] sale [en invierno], sino que incluso en el otro sábado su campo está sin fruto** ([1]asíndeton; Mt 6:1-6, Tom 14, 27, 104!).

8. **¡Vino el Cristo! Para algunos en verdad paga rescate, además a otros los salva, además a otros expía°. Pagó rescate por los alienados,[1] los trajo a sí mismo. Y salvó a quienes vinieron a él —a éstos los puso como promesas en su voluntad—. No solamente al ser revelado colocaba él el alma como deseaba, sino que desde el día del origen del mundo él colocaba al alma. Al tiempo que él desea vino lo más temprano para traerla, ya que era puesta entre los prometidos. Cayó bajo los bandidos y la capturaron. Sin embargo, él la libró, y expió a tanto los buenos como los malos en el mundo.** ([1]asíndeton; Mc 10:45, Jn 10:17-18; San Justino Mártir, *Diálogo con Trifón* 47 [*ca.* 160 d. de C.]: «Nuestro amo Jesucristo dijo: Como os encuentro, así os juzgo»).
9. **La luz con la oscuridad, la vida con la muerte, la derecha con la izquierda son hermanos entre sí. No es posible separar los unos de los otros. A causa de esto, ni son buenos los buenos, ni son malos los malos, ni es vida la vida, ni es muerte la muerte. Así cada individuo será devuelto a su propio origen desde (el) principio. Pero los exaltados por encima del mundo son inmortales (y[1]) existen en (la) eternidad°** ([1]asíndeton; Isa 45:7, Lam 3:38; Søren Kierkegaard, *O lo uno o lo otro*: «La eternidad verdadera no se ubica después de lo uno o lo otro, sino antes de ellos»; compárese con el Tao chino).
10. **Los nombres que se dan por los mundanos —a ese respecto hay gran confusión°—. Pues sus corazones son desviados de la realidad hacia la irrealidad. Y quien oye (la palabra) «Dios» no piensa en la realidad,**

sino que es conducido a pensar en la irrealidad. Así también con (las palabras) «el Padre» y «el Hijo» y «la Sagrada Espíritu» y «la vida» y «la luz» y «la resurrección» y «la iglesia»° [y] todas las demás —no suelen pensar en la realidad, sino que son conducidos a pensar en la [ir]realidad—. [...] Además aprenden la realidad [toda humana] de la muerte. Existen en el sistema,[1] [piensan en la irrealidad]. Si estuvieran en la eternidad, no habrían designado nada como maldad mundana, ni se habrían ubicado en asuntos mundanos. Hay un destino para ellos en la eternidad (Isa 5:20!; [1]asíndeton; nótese este análisis extraordinario, del lenguaje religioso ordinario como tan pervertido en sí como pervertidor; Samuel Beckett, *Última táctica*: «Utilizo las palabras que me enseñaste. Si ya no significan nada, enséñame otras. O permíteme guardar silencio»; véanse también Fel 13 y Clemente de Alejandría, *Stromata* V.14: «No debemos pensar en Dios según la opinión de la multitud»).

11. **Un solo nombre no pronuncian en el mundo —el nombre que el Padre se confirió a sí mismo por medio del Hijo, este nombre existente del Padre, (el cual) él exalta sobre todos** (Tom 77, Vrd 45). **Pues el Hijo no podría convertirse en el Padre, a menos que se le diera el nombre del Padre. Se hacen tener en pensamiento este nombre existente, pero sin embargo no lo pronuncian. Ya que quienes no lo tienen ni pueden pensarlo. Pero la verdad engendró palabras en el mundo para el bien de nosotros. No sería posible aprenderla sin palabras** (! Jn 17).

12. **Ella sola es la verdad. Hace a (la) multitud; y nos enseña esto solo en un amor por medio de muchos** (Fel 6, 18, 40).

13. **Las autoridades° querían engañar al humano, pues lo percibían en un parentesco con lo verdaderamente bueno. Tomaron la palabra «bueno», la aplicaron a lo no bueno, para que con palabras le engañaran y (lo) ataran a lo no bueno.[1] Y después, cuando estos que se habían conocido a sí mismos reciban la gracia, (las palabras) están retiradas de lo no bueno y aplicadas a lo bueno. Pues (las autoridades) habían deseado llevar al libre, para mantenerlo esclavizado a ellos para siempre. Hay poderes encomendados a los humanos. No quieren (las autoridades) que [se conozca] (a sí mismo), para que se hagan [amos] sobre él. Pues si hay humanidad, hay [esclavitud]** (Isa 5:20, Fel 10; [1]Henry David Thoreau, *Walden*: «La mayoría de lo que mis vecinos llaman bueno, yo, en mi fuero interno, lo considero malo»; Aleksandr Solzhenitsyn, *El primer círculo*: «Un preso... que ha alcanzado aquella etapa de desarrollo, en la cual lo malo empieza a parecer lo bueno»).

14. **Empezaron los sacrificios, [...] y se ofrecían animales a las potencias. [...] Se les ofrecían todavía vivos —en verdad fueron ofrecidos vivos—. Sin embargo, (cuando[1]) fueron ofrecidos, murieron. (Pero) el humano[2] fue ofrecido muerto a Dios —y vivió** ([1]asíndeton; [2]Cristo/crístico).

15. **Antes de la venida del Cristo, no había pan en el mundo como (había) en el paraíso°, el lugar donde estaba Adán. Tenía muchas plantas para alimento de los animales**

salvajes, (pero[1]) no tenía trigo como alimento para la humanidad. El humano tenía que alimentarse como los animales salvajes. Pero fue enviado el Cristo, la persona perfecta°. Trajo pan del cielo, para que la humanidad se nutriera con el alimento de la humanidad ([1]asíndeton; Sal 78:25, Mc 14:22, Jn 6:30-59; NB: ΕΠΙΟΥΣΙΟΝ en Mt 6:11 —que se encuentra solamente aquí en toda la literatura griega— significa literalmente «supersustancial» y así «esencial», no «de cada día»).

16. **Las autoridades pensaban que por su propia fuerza y voluntad, realizan lo que hacen. Pero la Sagrada Espíritu en secreto (todo el tiempo) estaba dando energía a la totalidad por medio de ellos como ella quiere** (por ejemplo, Jer 25:8-9, Jn 19:11!).

17. **La verdad, que existe desde el origen, se siembra por todas partes y la multitud la ve sembrada —pero pocos de los que la ven la cosechan** (Mt 22:14, Tom 21).

18. **Algunos dicen que Máriam fue preñada por la Sagrada Espíritu. Se confunden,[1] no saben lo que dicen. ¿Cuándo jamás ha sido preñada mujer° por mujer? Máriam es la virgen a quien ningún poder ha profanado, pues ella es de grandeza entre las consagraciones para los apóstoles° hebreos y para los apostólicos°. Si los poderosos trataran de profanar a esta virgen, solamente se profanarían [a sí mismos]. Y el Señor no dijo «mi Padre [en] el cielo», como si hubiera tenido [otro] padre —sino dijo simplemente [«mi Padre»]** ([1]asíndeton; Lc 2:48-49!!, Fel 6; Las Odas de San Salomón 19:6 —«La Espíritu abrió la matriz de la Virgen»).

19. **El Señor dice a los discípulos°:** [...] **En verdad entrad en la casa del Padre, (pero[1]) no poseáis (nada) ni tampoco os llevéis (nada) de la casa del Padre** ([1]asíndeton; Jn 14:2; Clemente de Alejandría, en *Stromata* V.10.64, atribuye al Salvador este dicho: «Mi misterio es para mí y los hijos de mi casa»).

20a. **«Yeshúa» es un nombre secreto,[1] «el Cristo» es un nombre revelado. Así «Yeshúa» en verdad no existe en cualesquiera (otras) lenguas, sino su nombre es «Yeshúa» como se llama. Pero su nombre «Cristo» en arameo° es «Mesías»°, mientras que en jónico° es:** Ο ΧΡΙΣΤΟΣ. **En total, todas las demás tienen («el Ungido»°) según la lengua propia de cada cual** (Lc 1:31; [1]tal vez porque ישוע = «Él-Es [el] Salvador», cuya plena significación solamente él podría *comprenderla*).

20b. **¡El nazareno° revelado es el secreto!** (Lc 4:16-30, Tom 108).

21. **El Cristo tiene todo en sí mismo —sea humano o ángel° o misterio°, y (también) al Padre** (Lc 17:21, Jn 17:21-23, Tom 3).

22. **Quienes dicen que el Señor primero murió y luego se levantó, se confunden. Pues primero se levantó y (luego) murió. Si alguien primero consigue la resurrección, no morirá; (como) vive Dios, aquél** [no] **iba a** [morir] (Lk 20:36, Jn 11:26, Tom 29).

23. **Nadie esconderá algo de gran valor dentro de algo llamativo, pero muchas veces se han puesto (cosas que valen) miríadas sin número en algo que vale una miseria. Así es con el alma —algo precioso llegó a ser**

en un cuerpo desdeñado como avergonzoso (Gén 3:7, Job 10:11, Tom 29 37).

24. **Hay algunos que se hacen temerosos para que no se levanten desnudos. Por eso desean levantarse en la carne, y no saben que aquellos que se visten de la carne son los desnudos. Estos que se convierten [en luz] por desvestirse (de la carne) son los no desnudos**[1] ([1]ya que son vestidos en las imágenes°; Fel 26 85; Odas de San Salomón 25:8, «Fui vestido con el manto de tu Espíritu y me quitaste mi vestuario de piel»).

25. **(Pablo° declara que) «la carne [y la sangre no podrán] heredar la soberanía de Dios»** (=I-Cor 15:50!). **¿Qué es lo que no heredará? ¿Esto que llevamos todos encima? Pero al contrario, esto es lo que sí va a heredar —lo que pertenece a Yeshúa con su sangre. Por eso él dice: Quien no come mi carne ni bebe mi sangre, no tiene vida dentro de sí mismo** (=Jn 6:53!). **¿Qué es su carne? Es el Logos; y su sangre es la Sagrada Espíritu** (Fel 106!). **Quien ha recibido a éstos, tiene alimento y bebida y vestidura. Yo mismo reprendo a esos otros que dicen que (la carne) no se levantará. (Pues) los dos están equivocados: dices que la carne no se levantará, pero dime que va a levantarse para que pueda honrarte; dices que es la espíritu dentro de la carne y esta otra luz dentro de la carne, (pero**[1]**) esto también es un dicho encarnado. Pues digas lo que sea, ¡no dices nada fuera de la carne!**[2] **Es necesario levantarse en esta carne, (puesto que**[1]**) todo existe dentro de ella** ([1]asíndeton; [2]un razonamiento filosófico pasmoso —enfáticamente antignóstico y explícitamente anti-

paulino—; Job 19:25, Isa 26:19, Dan 12:2, Lc 24:39, Jn 5:25-26, Hch 4:33, Ap 20:11-13; el *I Ching*, hexagrama 50, La vasija ritual: «Lo verdaderamente divino no se manifiesta aparte de la humanidad»; Moisés Maimónides, *Guía de perplejos* I.51: «El humano es [esencialmente] un animal que habla»).

26. **En este mundo quienes llevan vestiduras[1] valen más que las vestiduras. En la soberanía de los cielos, las vestiduras[2] valen más que los que ellas han vestido por medio de agua con fuego, que purifican el lugar entero** ([1]de materiales; [2]de imágenes; Sal 104:2!, Fel 24, 85).

27. **Las revelaciones por medio de quienes revelan,[1] los secretos por medio de quienes (los) esconden. Hay (cosas) que se mantienen escondidas por ellos que revelan** ([1]asíndeton; Mt 13:10-15, Ap 10:4!, Tom Prólogo 62, 108).

28. **Hay agua en un (bautismo de) agua, hay fuego en un crisma°** (Mt 3:11; asíndeton).

29. **Yeshúa los cogió a todos desprevenidos. Pues no se manifestó como [verdaderamente] era, sino se ha revelado a sí mismo de manera que pod[rán] percibirlo en su esencia. Eran susceptibles a morir, (pero[1]) se les reveló. [Se reveló] a los grandes como grande, se reveló a los pequeños como pequeño, [se reveló a los] ángeles como ángel y a la humanidad como hombre.[2] Así su Logos lo escondió de todos seres. Algunos en verdad lo vieron, pensando que se miraban a sí mismos. Pero (cuando[1]) se manifestó a sus discípulos en gloria encima de la montaña, no se hacía pequeño.**

Se hizo grandioso, pero (también) hizo grandiosos a los discípulos para que fueran capaces de percibirlo hecho grandioso (Mt 17:1-8; [1]asíndeton; [2]Marco Polo, *Los Viajes* I.13, re. los Magos).

30. **Él dijo aquel día en la Eucaristía°: Oh Tú que has apareado° el Resplandor Perfecto con la Sagrada Espíritu,[1] ¡aparea también nuestros ángeles con las imágenes!** ([1]NB en hebreo/arameo, la palabra «luz» [אור] es masculina, mientras «espíritu» [רוח] es femenina).

31. **No despreciéis al cordero, pues sin él no es posible ver la puerta. Nadie que se despoja podrá entrar al Rey** (Jn 1:36).

32. **Los Hijos de la Persona Celestial son más numerosos que los de la persona terrenal. Si los hijos de Adán son numerosos a pesar de que característicamente mueren, ¡cuántos más son los Hijos de la Persona Perfecta! —estos que no mueren, sino que están naciendo de continuo** (Gén 2:17, Ec 5:16, Jn 1:13 11:26; Thich Nhat Hanh, *Ser Buda, ser Cristo*: «Continuamos naciendo»; Bob Dylan, *Todo bien, Mamá*: «El no ocupado en nacer, se ocupa en morir»).

33. **El Padre crea a (un) Hijo, pero el Hijo mismo no puede crear a (un) hijo. Pues es imposible que el engendrado mismo engendre —sino que el Hijo engendra para sí mismo a Hermanos, no a hijos** (Sal 2:7, Jn 20:17, Tom 25).

34. **Todos los que son engendrados dentro del sistema se engendran físicamente, y los otros se engendran [espiritualmente]. Los que se engendran en el corazón de**

Él [llaman] allí a la humanidad, para alimentarlos en la promesa [de la meta] de arriba (Jn 1:12-13).

35. **[La gracia sale] de él por la boca, el lugar de donde salió el Logos; (uno) iba a ser alimentado de la boca y llegar a ser perfeccionado. Los perfectos son concebidos por medio de un beso y nacen. Por eso también nosotros somos inducidos a besarnos unos a otros —(para) concebirse dentro de nuestra gracia mutua** (I-Sam 20:41, Pro 24:26, Tom 108, Fel 59).

36. **Había tres (llamadas) Máriam que caminaban con el Señor todo el tiempo: la madre de [él] y la hermana de él y (la) Magdalena° —ésta que es llamada su Compañera°—. Así su (verdadera[1]) Madre y Hermana y Pareja° es (también llamada) «Máriam»** ([1]es decir, la Sagrada Espíritu; Mc 3:35, Tom 101, Fel 59).

37. **«El Padre» y «el Hijo» son nombres sencillos, «la Sagrada Espíritu» es nombre compuesto. Pues (el Padre y el Hijo) existen en todas partes —arriba y abajo, en secreto y manifiestamente—. La Sagrada Espíritu existe en lo revelado, existe abajo, existe en lo escondido, existe arriba** (Fel 74c; el Padre está arriba y escondida, el Hijo está abajo y revelado, la Sagrada Espíritu está tanto arriba como abajo, tanto escondida como manifiesta; el *Upanishad mundaka*: «Solo aquel Brahman existe enfrente, aquel Brahman existe atrás, aquel Brahman existe a la derecha y a la izquierda; sólo Brahman impregna a todo arriba y abajo. Este Universo es solamente aquel Brahman supremo»).

38. **Los santos son servidos por los poderes opresivos, pues (éstos) se ciegan por la Sagrada Espíritu, para**

que piensen que asisten a un humano, cuando en realidad están sirviendo a los santos. A causa de esto, (cuando[1]) un día un discípulo le pidió al Señor referente a una cosa del mundo, él le dice: Pide a tu Madre y ella te obsequiará[2] de lo ajeno ([1]asíndeton; [2]Mt 6:11, ΔΙΔΟΜΙ).

39. **Los apóstoles dicen a los discípulos: ¡Qué toda nuestra ofrenda obtenga sal! Ellos llamaban «sal» [a la sabiduría] —sin ella ninguna ofrenda se hace aceptable** (Lev 2:13, Núm 18:19, II-Cron 13:5, Mc 9:49-50, Lc 7:35, 11:49, 21:15, Hch 6:3).

40. **Sin embargo, la sabiduría es estéril [sin (un)] Hijo —por eso, [ella] es llamada [la Madre]—. Ellos [...[1]] en sal, el sitio donde [ser]án [como eran] —ellos mismos siendo encontrados por la Sagrada Espíritu, [la Madre verdadera que] multiplica a sus Hijos** (Pro 8, Isa 54:1, Lc 7:35, Tom 49, 101; [1]?: véase www.metalog.org/files/ph_interlin/ph40.html).

41. **Lo que posee el Padre, le pertenece al Hijo. Y también él mismo, el Hijo, mientras que permanece pequeño, no se le confían esas (cosas) que son suyas. (Pero) cuando madura,[1] se le concede todo lo que su Padre posee** ([1]lit. «se hace hombre»; Tom 61b, Ph 2; Søren Kierkegaard, *O lo uno o lo otro*: «Un heredero, aun si fuera heredero de los tesoros del mundo entero, no los posee hasta que haya alcanzado mayoría de edad»).

42. **Quienes se descarrían son engendrados por la Espíritu y también se descarrían por ella. Así por este mismo aliento°, el fuego arde y se apaga** (Pro 16:4, Isa 45:7, Lam 3:38, Jn 19:11!).

43. **La sabiduría[1] es una cosa y la muerte[2] es otra. «La sabiduría»** (en arameo) **es simplemente «la sabiduría»** (en griego)**; pero la sabiduría de la muerte es muerta** (en sí misma)**. Esta que es la sabiduría con la muerte, la cual deriva del conocimiento con la muerte —ésta es llamada la sabiduría menor** ([1]aram חכמת [*jokmat*] = heb חכמה [*jokmah*]: sabiduría; [2]heb מות [*mut*]: morir).

44. **Hay animales sometidos a la humanidad, tales como el ternero y el burro y otros de este tipo. Hay otros no sometidos,[1] aislados en estado salvaje. El humano ara en el campo por medio de los animales sometidos, y de esto se alimenta tanto a sí mismo como a los animales —ya sean domésticos o salvajes** (Pro 14:4). **Así es con la Persona Perfecta: ara por medio de las potestades sometidas, proveyendo para ser causa de la existencia de todo. Pues por esto se mantiene erguido el lugar entero —ya sean los buenos o los malos, tanto los de la derecha como los de la izquierda—. La Sagrada Espíritu manda a todas las potestades y pastorea a todos** (los seres)**, tanto a los sometidos como a los rebeldes y aislados. Pues en verdad ella continúa** [**siempre**] **controlándolos** [**más allá del**] **deseo de la capacidad de ellos** [...] ([1]asíndeton; Ecl 7:14, Fel 9, 42, 72).

45. [**Adán**] **fue formado** (**y**[1]) [**engendró**], (**pero**[1]) [**no**] **descubrirás que sus hijos son formaciones nobles** (Fel 46). **Si no fuera formado sino engendrado, habrías descubierto que su semilla se hubiese hecho noble. Pero ahora ha sido formado** (**y**[1]) **ha engendrado. ¿Qué nobleza es ésta?** ([1]asíndeton; Gén 2:7, 4:1).

46. Primero ocurrió el adulterio, luego el homicidio. Y (Caín°) se engendró en adulterio, pues era el hijo de la serpiente.[1] Por eso llegó a ser un homicida igual que su otro[2] padre, y mató a su hermano. Pues cada apareamiento que ha ocurrido entre disímiles es adulterio ([1]a saber, nacido de la pretensión llamada generación humana, en lugar de divina; [2]esto es, otro de su verdadero Padre, Dios; Gén 4:1-16, Ecl 11:5!!, Jn 8:31-59!, I-Jn 3:12!, Tom 105; véase «Teogénesis», Com. 3).

47. Dios es tintorero. Tal como los buenos tintes que son llamados resistentes así dan nombre a las cosas que han sido teñidas en ellos, lo mismo ocurre con quienes Dios ha teñido. Puesto que sus tintes son imperecederos, (los teñidos) se hacen inmortales por la coloración de su mano. Pues Dios sumerge a quienes bautiza° por una inundación de aguas[1] ([1]es decir, una inundación de imágenes; Fel 58).

48. No es posible que alguien vea nada de los establecidos, a menos que se haya asemejado a ellos. No es como la persona en el mundo: mira el sol sin convertirse en sol, y mira el cielo y la tierra y todas las demás cosas sin haber sido convertido en ellos (Sal 8:3-4). **Pero en la verdad es así —tú viste algo de aquel lugar y te hiciste entre ellos allí—. Miraste a la Espíritu,[1] te convertiste en espiritual; miraste al Cristo,[1] te convertiste en crístico; miraste [al Padre,[1] te] convertirás en paternal. Así verdaderamente [en el mundo] lo miras todo y no [te ves a ti mismo], pero te ves en aquel [lugar]. Pues lo que ves, en eso te convertirás** ([1]asíndeta).

49. **La fe recibe,**[1] **el amor regala. [Nadie puede recibir] sin fe,**[1] **nadie puede dar sin amor. Por eso, creemos para que recibamos en verdad, pero damos para que amemos. De otro modo, si uno regala sin amor, no saca ningún provecho de haber dado** ([1]asíndeta).

50. **Quien no ha recibido al Señor, continúa todavía entre los hebreos** (Tom 43, Fel 6, 108).

51. **Los apóstoles que nos precedieron (le) llamaban así: Yeshúa el Nazirito° Mesías —es decir, Yeshúa el Nazirito Cristo—. El último nombre es el Cristo, el primero es Yeshúa, el de en medio es el Nazirito. «Mesías» tiene dos significados: tanto el ungido como el medido°. «Yeshúa» en hebreo, es la expiación. «Nazara» es la verdad, por eso el Nazirito es el verdadero. El Cristo es el medido, el Nazirito y Yeshúa son la medición** (Núm 6:1-8, Jue 13:5® Mt 2:23, Fel 20a).

52. **La perla que se arroja en el fango no se desdeña; ni tampoco se estima (más) si se unge con ungüento de bálsamo. Sino que tiene su gran valor para su propietario en todo momento. Así es con los Hijos de Dios —pase lo que sea con ellos, tienen todavía el gran valor para su Padre en el corazón de él** (Job 30:19, Jer 38:6).

53. **Si te acostumbras a decir «Soy judío» —nadie se moverá—. Si dices «Soy romano» —nadie se turbará—. Si dices «Soy griego, bárbaro, esclavo, libre» —nadie se inquietará—. Si [dices] «Soy crístico°» —[todos] harán caso** (Th 2!). **¡Qué ocurre que haya [recibido yo de él] en esta manera, para que [los mundanos] no podrán resistir al [escuchar] este nombre!** (Hch 5:41 contra 22:25).

54. (Un) dios es un caníbal. Por eso, [se le sacrifica] la humanidad a él. Antes de que se sacrificara la humanidad, se sacrificaban los animales. Pues no son divinidades, estos a los cuales se sacrifica (Isa 44:9-20!, Fel 14).

55. Las vasijas de vidrio y las vasijas de barro se hacen por el fuego. Pero si las vasijas de vidrio se quiebran, se moldean de nuevo —(pues[1]) habían llegado a ser por un aliento[2]—. Pero si las vasijas de barro se quiebran, son destruidas —pues habían llegado a ser sin aliento (Gén 2:7, Jn 20:22; [1]asíndeton; [2]=espíritu; la cerámica sólo se puede rehacer antes de hornearse: Jer 18:4-10, 19:11).

56. Un burro, dando vueltas alrededor de una piedra de molino, recorrió cien millas caminando. (Cuando[1]) había sido desatado, se encontró a sí mismo todavía en el mismo lugar. Hay personas que hacen muchos viajes y no progresan a ningún lado. Cuando les anocheció, no divisaron ni ciudad ni pueblo, ni creación ni naturaleza, ni poder ni ángel. ¡En vano se esforzaban los miserables! ([1]asíndeton; Sal 127:2, Ecl 2:11; Clemente de Alejandría, en *Stromata* I.8.41, atribuye al Salvador este dicho: «Éstos son los que manejan sus telares pero no tejen nada»).

57. La Eucaristía es Yeshúa. Pues en arameo es llamado *farisatha* (פרש) —esto es, el extendido—. Ya que vino Yeshúa para crucificar al mundo (Las Odas de San Salomón 27:1-2 —«Extendí mis manos para santificar a mi Señor; pues la extensión de las manos es su signo»).

58. **El Señor entró en la tintorería de Leví°. Tomó 72 teces°,[1] las echó en la tina. Las sacó todas blancas y dice: Así os ha venido el hijo de la humanidad —actúa como tintorero[2]** (Isa 1:18, Fel 47; [1]asíndeton; [2]de las imágenes; cp. «ecualización» en Tom 61b; Gén 10 LXX enumera 72 naciones en todo el mundo; también, Lc 10:1 en MSS п75 B D[05] menciona a 72 discípulos).

59. **La sabiduría misma que** (los humanos) **llaman estéril, es la Madre de los Ángeles** (Pro 8:12+32, Lc 7:35!!, Fel 40). **Y la Compañera° del [Cristo] es Máriam la Magdalena. El [Amo amaba] a Máriam más que a [todos los (demás)] discípulos [y] la besaba a menudo en su [boca].[1] Las otras [mujeres] vieron su amor por Máriam,[2] le dicen: ¿Por qué [la] amas a ella más que a todas nosotras? || El Salvador respondió,[2] les dice: ¿Por qué no os amo a vosotras como a ella?** ([1]Pro 24:26, Cnt 1:2, 6:9, Fel 35, 36, 40; [2]asíndeton; Tom 61b).

60. (Mientras) **están en la oscuridad un ciego con un vidente, no se distinguen entre sí. Cuando venga la claridad, entonces el vidente verá la luz y el que ha sido cegado quedará en las tinieblas** (Jn 9, Tom 34).

61. **El Señor dice: «¡Bendito es él que existe antes de que entre en el Ser!»** (=Tom 19!, Fel 1). **Pues quien existe, lo mismo existía que existirá** (Ap 1:8).

62. **La exaltación de la humanidad no se manifiesta, sino que es implícita. Por eso** (el humano) **es maestro sobre los animales que son más fuertes que él —quien manifiesta e implícitamente es más grandioso que ellos—. Y esto les da su supervivencia. Ya que** (cuando[1])

la humanidad se separa de ellos, se matan y se roen y se devoran unos a otros, porque no encuentran alimento. Pero han encontrado alimento, ya que la humanidad cultivó la tierra (Job 35:11, Mc 1:13; [1]asíndeton).

63. **Si alguien se sumerge en el agua y sube de nuevo sin haber recibido nada, diciendo «Soy crístico», ha tomado el nombre en préstamo. Pero si recibe a la Sagrada Espíritu, tiene el regalo del nombre. No se le quita un regalo de quien lo ha recibido, pero de quien toma un préstamo se le reclama** (Jn 4:10, Tom 41).

64. **Así es, cuando alguien existe en un misterio: el sacramento° del matrimonio es grandioso. Pues el mundo es complejo —[el sistema] se basa en la humanidad, pero [la humanidad] se basa en el matrimonio—.[1] (Por eso) ¡contemplad el apareamiento puro, pues tiene [gran] poder! Su imagen consiste en una profanación[2] [de cuerpos]** (Tom 61b, Fel 79; [1]matrimonio ↔ patrimonio°, generación y herencia humanas en lugar de divinas: véase «Teogénesis»; [2]Lev 15:18!!).

65. **(Entre) las espíritus impuras hay esencialmente varones y hembras. Los varones en efecto son quienes se aparean con las almas alojadas en una forma femenina, pero las hembras son quienes se juntan° con una forma masculina —por una desigualdad°** (Tom 61b!, Fel 46). **Y nadie podrá escapar de éstas (una vez que[1]) lo agarren, (a menos que[1]) reciba un poder tanto masculino como femenino —el cual es el Novio con la Novia—. Pues uno los recibe en la Cámara Nupcial° espejada°. Cuando las mujeres necias ven a un hombre**

sentado solitario, acostumbran a lanzarse sobre él para hacer una juerga con él y profanarlo. Así también los hombres necios, cuando ven a una mujer hermosa sentada sola, la seducen (o[1]) la fuerzan por el deseo de profanarla. Pero si ven al hombre sentado junto con su mujer, las mujeres no pueden meterse con el varón ni pueden los varones meterse con la mujer. Así es, (cuando[1]) la imagen y el ángel se aparean entre sí, tampoco puede nadie atreverse a meterse con el varón o la mujer (Fel 30). Quien sale del mundo ya no puede ser detenido por el simple hecho de que estaba antes en el mundo. Se revela más allá que tanto el anhelo como el miedo de la [carne]. Es amo sobre [el deseo],[1] vale más que la envidia. Y si [la multitud] viene para agarrarlo (y[1]) para ahogar[lo], ¿cómo no podrá escapar éste [por la salvación] de Dios? ¿Cómo podrá [temerlos]? (Sal 3:6; [1]asíndeton).

66. A menudo hay algunos que vienen (y[1]) [dicen]: Somos fieles, ¡esconded[nos...] de espíritus [impuras] y demoníacas! Pero si hubieran poseído a la Sagrada Espíritu, ninguna espíritu impura los habría agarrado ([1]asíndeton; Mc 1:39).

67. No temas la esencia de la carne, ni la ames. Si la temes, se convertirá en tu amo; si la amas, te devorará (y[1]) te ahogará ([1]asíndeton; Sal 56:4, Jn 6:63).

68. Uno existe o en este mundo o en la resurrección o en las regiones de transición°. ¡Qué no ocurra que me encuentre en (estas últimas)! (En) este mundo hay esencialmente lo bueno y lo malo. Sus buenos no son buenos y sus malos no son malos (Fel 9). Pero hay

maldad después de este mundo, la cual en verdad es mala: lo que se llama la transición —es la muerte—. Mientras existamos en este mundo nos es apropiado nacer en la resurrección, a fin de que si somos despojados de la carne nos encontremos en el reposo (y[1]) no vaguemos en la transición. Pues muchos se extravían en el camino. Así, bueno es salir del mundo antes de que la humanidad sea llevada a transgredir ([1]asíndeton; Tom 60, Ap 20:5; Sylvia Plath, *Los diarios íntegros*: «Sólo que no termine la vida hasta que yo nazca»).

69. **Algunos en verdad ni quieren ni tienen la capacidad. Pero otros aunque quieran no sacan provecho, porque no estaban acostumbrados a practicar. Pues el deseo los hace transgresores. Pero no desear la rectitud les esconderá tanto el deseo como (su) incumplimiento** (Hsün Tzu, siglo III a. de C. China: «Una persona inferior puede convertirse en una persona superior, pero no tiene ganas»).

70. **Un apostólico[1] vio en una visión a algunos que estaban encerrados en una casa de fuego, gritando [en el] aire con [una voz] llameante, arrojados en las llamas [por una época°]. Hay agua en [...] y se proclaman a sí mismos: [...] ¡Las aguas [no] pueden salvarnos [de la muerte! Extraviados por] su deseo, recibieron [la muerte como] castigo —esto que se llama la oscuridad [más alejada]** ([1]probablemente Felipe mismo; Sal 66:12, Mt 25:30, Lc 16:19-31!, Ap 20:14-15).

71. **El enemigo [sale] en agua con fuego. El alma y la espíritu han salido [en] agua y fuego con luz, los cuales pertenecen al Hijo de la Cámara Nupcial. El fuego es**

el crisma, la luz es el fuego. No hablo de este fuego que no tiene forma, sino el otro —cuya forma es blanca, que se hace de (la) bella luz y que confiere resplandor (Isa 43:2, Fel 26, 28, 58).

72. **La verdad no vino desnuda al mundo, sino que ha venido en las imágenes simbólicas°. (El mundo) no la recibirá de cualquier otra manera. Hay un renacimiento° junto con una imagen renacida. ¡Es de verdad apropiado no renacerse por la imagen!**[1] (Jn 3). **¿Qué es la resurrección con su imagen? —sí es apropiado levantarse por la imagen—.**[1] **¿La Cámara Nupcial con su imagen? —sí es apropiado entrar en la verdad por la imagen, que es esta restauración°—. Es apropiado no nacer solamente de las palabras «el Padre con el Hijo con la Sagrada Espíritu», sino nacer de ellos mismos. Quien no nace de ellos se le quitará también el nombre** (Fel 63). **Pero uno los recibe en el crisma de la plenitud en el poder de la cruz**[2]**, que los apóstoles llaman: la derecha con la izquierda** (Fel 9 44). **Pues éste ya no es un crístico, sino un Cristo** (Isa 30:21, Hch 3:21; [1]«renacimiento espiritual» ≠ «resurrección corporeal»: véase Fel 130!; [2]antignóstico).

73. **El Señor [hizo] todo como sacramento: Bautismo con Crisma con Eucaristía con Expiación con [Santa] Cámara Nupcial.**

74a. **Él dice: «Yo vine para hacer [el interior] como el [exterior (y**[1]**) el] exterior como el [interior»** (=Tom 22!!). **Habló referente a] todo de aquel lugar, que existe allí [arriba de] este lugar, por medio de [imágenes] simbólicas** [...] ([1]asíndeton; Fel 72).

74b. Quienes dicen [«soy Crístico»] vienen del lugar más allá de [toda] confusión (Fel 10, 18, 22, 97, 134, Vrd 3 y ss.).

74c. Quien se manifiesta [de aquel lugar] que existe allí arriba es llamado «el que existe abajo». Y el Escondido es Él que existe allí arriba de él. Pues bueno es, lo que suelen decir, «el interior y el exterior, junto con lo afuera del exterior». A causa de esto, el Señor llamaba a la destrucción «la oscuridad más alejada» (=Mt 8:12!); **fuera de eso no hay nada. Dice «mi Padre que existe en secreto». Dice «Entra en tu cuarto privado, cierra tu puerta detrás de ti (y[1]) órale a tu Padre que existe en secreto»** (=Mt 6:6!): **éste es Él que existe dentro de todos. Pues Él que existe dentro de todos es la plenitud —más allá de Él no hay otro más dentro. Esto es lo que significa «Él que existe arriba de ellos»** ([1]asíndeton; Tom 77, Fel 37; Rabindranath Tagore, *Gitanjali*: «Él es, el más adentro, quien despierta a mi ser»).

75. Antes del Cristo vinieron algunos. Ya no podían entrar de donde habían salido, y ya no podían salir de donde habían entrado. Pero vino el Cristo. Él los sacó a quienes habían entrado y los entró a quienes habían salido (I-R 3:7).

76. En los días en que Eva° estaba dentro de Adán,[1] no había la muerte. Cuando ella se separó de él, empezó la muerte. Si (ella) entra de nuevo (y[2]) él (la) recibe a sí mismo, la muerte ya no existirá (Fel 86; [1]o «cuando la vida era dentro de la humanidad»; [2]asíndeton).

77. **«Dios mío, Dios mío, ¿por qué, oh Señor, me [has] abandonado?»[1] —dijo estas (palabras) en la cruz[2]. Pues apartó el lugar [de abajo del lugar de arriba], habiendo sido engendrado en la [Sagrada] Espíritu por Dios** ([1]=Sal 22:1 → Mc 15:34!; [2]antignóstico).

78. **El [Amo se levantó] de entre los muertos. [Se hizo (de nuevo)] como era, pero [su cuerpo] fue hecho [enteramente] perfecto. Es encarnado, pero esta [carne ciertamente es] una carne verdadera.[1] [Pero nuestra carne] no es verdadera, sino un espejamiento de la [carne] verdadera** ([1]Jn 1:14, 20:27, II-Jn 7; antignóstico!).

79. **¡Qué (la) Cámara Nupcial no sea para las bestias ni para los esclavos ni para mujeres impuras! —sino es para (los) varones libres con (las) vírgenes** (Gén 24:16, I-R 1:2, Hch 21:8-9!, Tom 61b!, Fel 127!; Las Odas de San Salomón 42:9-12 —«Como el brazo del novio por encima de la novia, así es mi yugo por encima de quienes me conocen; y como la cama preparada en la casa de los novios, así mi amor cubre a los que creen en mí»).

80. **Por la Sagrada Espíritu en verdad nacemos, pero renacemos por el Cristo. En ambos somos ungidos por la Espíritu —(y[1]) habiendo sido engendrados, fuimos apareados** ([1]asíndeton; Gén 2:7, Jn 3:7, Fel 72).

81. **Sin luz, nadie podrá verse a sí mismo, ni en (el) agua ni en (un) espejo. Ni tampoco sin agua o espejo podrás ver(te) en luz. Por eso es apropiado ser bautizado en ambos —en la luz además del agua—. Pero la luz es el crisma** (Pro 27:19, Isa 43:2, Mt 3:11; Las

Odas de San Salomón 13:1, «¡He aquí! El Señor es nuestro espejo; abre tus ojos y velos en él y aprende la manera de tu rostro»).

82. **Había[1] tres antesalas como lugares de hacer ofrendas en Jerusalén° —una abierta al oeste llamada la santa; otra abierta al sur llamada la santa de la santidad; la tercera abierta al este llamada la santa de las santidades, donde solamente suele entrar el Sumo Sacerdote—. El bautismo es la antesala santa, [la expiación] es la santa de la santidad, la santa de las santidades es la Cámara Nupcial. El bautismo tiene la resurrección [con] la expiación entrando en la Cámara Nupcial. Pero la Cámara Nupcial es más exaltada que ésos. [...] No encontrarás nada que [se pueda comparar con ella]**[2] (asíndeta múltiples; Lev 16, Núm 18:7; [1]»Eran ellos»: ccp ⲚⲈ.Ⲩ, tiempo durativo imperfecto, P194: así este dicho, como 137, fue escrito *después de* la conquista romana del 70 d. de C.; [2]Moisés ben Nahman [1194-1270 d. de C.], *Carta sobre la santidad*: «La relación sexual es, en realidad, algo de gran exaltación cuando es oportuna y armoniosa. Este gran secreto es el mismo secreto de aquellos querubines, que copulan entre sí en la imagen de varón y hembra... Guarda este secreto y no lo reveles a nadie que no lo merezca, pues aquí es donde vislumbras el secreto de la exaltación de una relación sexual adecuada... Cuando la relación sexual apunta a el Nombre, no hay nada más justo y más santo que ella»).

83. **[Los santos] son los que oran [siempre por] Jerusalén [y aman] a Jerusalén; [ya están en] Jerusalén (y[1])**

miran a [Jerusalén ahora.] Éstos son llamados «los santos de las santidades» ([1]asíndeton; Sal 122:6, Ap 21:10).

84. **[...El] velo (del Templo) se rasgó [para revelar] la Cámara Nupcial, (que) no es otra cosa que la imagen [del...] lugar arriba. [...] Su velo se rasgó de arriba abajo, pues era apropiado que algunos subieran de abajo para arriba** (Mc 15:38, Tom 84).

85. **Quienes se han vestido en la luz perfecta —los poderes no pueden ni verlos ni detenerlos—. Pero uno se vestirá con luz en el sacramento del apareamiento** (Fel 24, 26; Las Odas de San Salomón 21:2, «Me quité las tinieblas y me vestí con la luz»).

86. **Si la mujer no se hubiera separado del varón, no habría muerto después con el varón. La separación de ellos fue el comienzo de la muerte** (Gén 3:19). **Por eso vino el Cristo, para que así pudiera rectificar a sí mismo la separación que había prevalecido desde (el) principio —por aparear él a los dos—. Y por medio de aparearlos, les dará sus vidas a quienes han muerto en la separación. Pues la mujer se aparea con su marido en la Cámara Nupcial. Pero quienes se aparean en la Cámara Nupcial ya no se separarán. A causa de esto, Eva se separó de Adán[1] —porque ella no se había apareado con él en la Cámara Nupcial** (Tom 11, 22, Fel 30, 76; [1]o: «la vida se separó de la humanidad»).

87. **El alma de Adán entró en la existencia por una respiración[1], cuya pareja° es el [Cristo. La Espíritu] regalada a (Adán) es su Madre, y se le regaló en su alma. [...] (Pero) porque él [todavía no] había sido apareado en**

el Logos, los poderes dominantes le hechizaron. [...Pero quienes] se aparean (en) secreto con la [Sagrada] Espíritu... son convidados individualmente [...] a la Cámara Nupcial, para que [...] sean apareados ([1]=Espíritu, Gén 2:7).

88. **Yeshúa reveló [al lado del (río)] Jordán° la plenitud de la soberanía de los cielos, la cual existía antes de la totalidad** (Tom 77). **Además fue engendrado (**[1]**) como Hijo, además fue ungido, además fue expiado, además expió** ([1]repetición en el manuscrito, aquí omitida).

89. **Si es apropiado decir un misterio, el Padre de la totalidad se apareó con la Virgen que había descendido —y un fuego brilló para él en aquel día—. Él reveló el poder de la Cámara Nupcial** (Fel 64). **Así su cuerpo entró en la existencia en aquel día.**[1] **Él salió en la Cámara Nupcial como alguien que ha salido del Novio con la Novia. De esta manera Yeshúa estableció la totalidad en su corazón para sí mismo. Y por medio de éstos**[2]**, es apropiado que cada uno de los discípulos entre en el reposo de él** ([1]antignóstico!; [2]es decir, el Novio con la Novia; Las Odas de San Salomón 33:5-8 —«Allí de pie estaba una Virgen perfecta, que estaba proclamando... Regresad oh vosotros hijos de hombres y venid oh vosotras hijas de hombres... y entraré en vosotros»).

90. **Adán entró en la existencia por dos vírgenes —por la Espíritu y por la virgen tierra—. Por eso Cristo fue engendrado por una virgen, para que el tropezón que ocurrió en el principio será**[1] **rectificado a él** ([1]el tiempo del verbo aquí es futuro, no subjuntivo; Gén 2:7, Lc 1:26-35, Fel 18).

91. **Había dos árboles en el paraíso —el uno produce bestias,[1] el otro produce humanos—. Adán comió del árbol que produce bestias (y[1]) convirtiéndose bestial, engendró bestias. A causa de esto, (las bestias) fueron adoradas. [...Los humanos] engendraban a humanos [y luego] adoraban a humanos** [...] ([1]asíndeton; Fel 54).

92. **Dios creó a la humanidad, y los humanos crearon a los dioses. Así es en el mundo —los humanos crean a dioses y adoran a sus criaturas—. ¡Habría sido (más) apropiado que los dioses[1] adoraran a la humanidad!** ([1]plural y por eso también en las dos veces anteriores; Isa 44:9-20, Jer 16:20, Hab 2:18-19, Fel 54).

93. **Así es la verdad auténtica en relación con los hechos de la humanidad —esencialmente salen por su poder—. Por eso son llamadas (sus) capacidades. Su (prole) son sus hijos que salen por (su) reposo. A causa de esto, su poder gobierna en sus obras, pero su reposo se manifiesta en (sus) hijos. Y averiguarás que esto penetra hasta las imágenes. Y ésta es la Persona Espejada: haciendo sus obras en su poder, pero en reposo engendrando a sus Hijos** (Jn 5:19!, Tom 50!).

94. **En este mundo los esclavos son forzados a trabajar para los libres. En la soberanía de los cielos, los libres actuarán para servir a los esclavos: los Hijos de la Cámara Nupcial servirán a los hijos del matrimonio. Los Hijos de la Cámara Nupcial tienen un nombre [único] entre sí, el reposo les sucede mutualmente,[1] son hechos para no tener necesidades** [...] (Lc 20:34-36!, Hch 4:34-35, Fel 64; [1]asíndeton).

95. **La contemplación° [de las imágenes es concien]cia en grandeza de gloria.[1] [En verdad hay inmortal]idad dentro de ellos en la [Santa Cámara Nupcial, quienes reciben] las glorias de los que [son colmados]** ([1]Aristóteles, *Metafísica* XII.7, 1072b.23).

96. **[Quien se sumerge] en el agua no [...] baja a la muerte,[1] [...pues] (Cristo) le expiará [una vez que haya emerg]ido —es decir, aquellos que fueron [llamados para colmarse] en su nombre—. Pues dice: [Así] cumpliremos con toda rectitud** (=Mt 3:15!; [1]esto parece ser un rechazo explícito de la doctrina paulina en Rom 6:3-4).

97. **Quienes dicen que primero van a morir y (después) se levantarán se confunden. Si no reciben primero la resurrección (mientras[1]) viven,[2] no recibirán nada (cuando[1]) mueran. Así suelen decir también del bautismo,[3] (que) el bautismo es grandioso, (pues[1]) vivirán quienes lo reciben** ([1]asíndeton; [2]Jn 11:26, Fel 22; [3]repetición en el manuscrito, aquí omitida).

98. **Felipe° el apóstol dice: José° el carpintero plantó un arbolado porque había necesitado madera para su oficio. Él mismo hizo la cruz de los árboles que había plantado; y su heredero° se colgó en lo que él había plantado.[1] Yeshúa fue su heredero, pero la cruz fue la planta. Pues el árbol de la vida está en medio del paraíso —y el olivo, del corazón de que vino el crisma por medio de él de la resurrección** ([1]antignóstico; difícil de interpretar: quizás una parábola compuesta por el apóstol Felipe, en la cual José representa a la humanidad, y Cristo es el hijo de la humanidad; Mt 13:55, Éx 30:22-33, Dt 21:22-23, Ap 22:2).

99. **Este mundo devora cadáveres —además, mueren ellos mismos que comen en él—. El verdadero consume a la vida —por eso nadie nutrido en [la verdad] morir[á]—. Yeshúa vino desde adentro de aquel lugar y trajo alimento de allí. Y a quienes deseaba, dio sus vidas para que no murieran** (Jn 6:53, Tom 11 60, Fel 15).

100. **Dios [creó] un jardín-paraíso. La humanidad [vivía en el] jardín, [...pero] no quedaban en el [...] de Dios en [...] el deseo dado [...] a sus corazones. [...] Este jardín [es el lugar] donde se me dirá: [Puedes comer] esto o no comer [esto, según tu] deseo.[1] Éste es el lugar (donde) consumiré cada (cosa) diferente —allí, donde está el árbol del conocimiento, el cual mató a Adán—. Pero (en) este lugar, el árbol del conocimiento dio la vida a la humanidad. La Torah° fue el árbol. Tiene (la) capacidad en sí de otorgar el conocimiento del bien y del mal. Ni le sanó del mal ni le conservó en el bien, sino causó que murieran quienes lo habían ingerido. Pues la muerte originó a causa de su dicho: ¡Come esto, pero no comas (eso)!** (Tom 113, Gén 2:16-17; [1]Isak Dinesen, «Acre de tristeza», *Cuentos invernales*: «El Jardín de Edén, creado de nuevo; de cada árbol de que... tú, mi Adán, puedes comer libremente»).

101. **El crisma se hace amo sobre el bautismo** (Mt 3:11). **Pues del crisma somos llamados crístico(s y[1]) no por el bautismo. Y (él) fue llamado el Cristo por el crisma. Pues el Padre ungió al Hijo, además el Hijo ungió a los apóstoles, además los apóstoles nos ungieron a nosotros** (Lc 4:18, Jn 20:21-22, Hch 6:5-6!!). **Quien ha sido ungido tiene la totalidad —tiene la resurrección,**

la luz, la cruz,[2] la Sagrada Espíritu—. El Padre le otorgó esto en la Cámara Nupcial (y[1] lo) recibió ([1]asíndeton; [2]antignóstico, asíndeton).

102. **El Padre existía dentro del Hijo y el Hijo dentro del Padre. ¡Ésta es la soberanía de los cielos!** (Jn 14:10, 17:20-23, Tom 113!; Juan Rulfo, *Pedro Páramo*: «El cielo... está aquí donde estoy ahora»).

103. **Excelentemente dijo el Señor: Algunos han alcanzado la soberanía de los cielos riéndose y salieron [del mundo regocijándose]. El crístico [...] que se sumergió en el agua de inmediato salió como amo sobre todo; porque [no consideraba (el Bautismo) como] juego, sino despreciaba este [mundo variable por] la soberanía de los cielos. Si desprecia (a este mundo) y lo desdeña como un juego, sald[rá] adelante riéndose** (Fel 96).

104. **Además, así es, referente al pan con el cáliz y al crisma: hay sin embargo otro (sacramento) exaltado sobre éstos** (véase Fel 73).

105. **El sistema empezó en una transgresión, pues quien lo hizo había deseado hacerlo imperecedero e inmortal. Él cayó y no alcanzó (su) ambición. Pues no había imperecimiento del sistema y no había imperecimiento de quien ha hecho el sistema. Pues no hay imperecimiento de cosas sino de Hijos, y nadie puede conseguir imperecimiento sin convertirse en Hijo. Pero quien no puede recibir; ¡cuánto (más) no podrá dar!** (Fel 5, 49).

106. **El cáliz de la comunión° contiene vino (y[1]) contiene agua. Se designa como el símbolo de la sangre,[2] sobre**

la cual se dan las gracias[3]. Y se colma de la Sagrada Espíritu y pertenece a la persona enteramente perfecta. Cuando solemos tomar esto, recibiremos a la Persona Perfecta (Mc 14:23-24, Jn 19:34, I-Jn 5:6-8; [1]asíndeton; [2]antignóstico; [3]gr ΕΥΧΑΡΙΣΤΕΙΝ).

107. El agua viviente es un cuerpo.[1] Es apropiado que nos vistamos en la Persona Viviente. A causa de esto, (cuando[2]) viene alguien para sumergirse en el agua, se desnuda para vestirse con ésa ([1]antignóstico!; [2]asíndeton; Fel 3, 26).

108. Un caballo naturalmente engendra a un caballo, un humano engendra a (un) humano,[1] un dios engendra a (un) dios. Así es referente al Novio dentro de la Novia —[sus Hijos] salieron en la Cámara Nupcial—. (Los) judíos no habían descendido [...] de los griegos, [...] y [nosotros los crísticos no descendemos] de los judíos (Fel 50). **[...] Y éstos fueron llamados [...] la generación escogida por la [Sagrada Espíritu] —el humano verdadero y el hijo de la humanidad y la semilla del hijo de la humanidad—. Esta generación es nombrada la verdadera en el mundo. Éste es el lugar donde existen los Hijos de la Cámara Nupcial** ([1]asíndeton).

109. El apareamiento se da en este mundo (como el) varón encima de (la) mujer, el lugar de la fuerza junto con la debilidad (Gén 3:16). **En la eternidad hay algo distinto (en) la semejanza al apareamiento, pero los llamamos con estos (mismos) nombres. Sin embargo, hay otros que son exaltados más allá de cualquier nombre que se nombra y (que) trascienden a la fuerza. Pues**

(en) el lugar donde hay fuerza, hay quienes son superiores a la fuerza (Fel 140).

110. **El uno no es y el otro es —pero ellos juntos son esta única unidad—.[1] Éste es Él que no podrá venir a (quien) tiene el corazón carnal** (Fel 9; [1]Chuang Tzu, siglo IV a. de C. China: «Lo que es uno es uno y lo que no es uno también es uno; quien considera todas cosas como Uno, es un compañero del Cielo»).

111. **¿No es apropiado para todos los que poseen la totalidad que se entiendan a sí mismos? Algunos en verdad que no se entienden a sí mismos ni siquiera disfrutarán las (cosas) que tienen. Pero quienes se han entendido a sí mismos las disfrutarán** (Ecl 6:1-2, Tom 2, 67).

112. **No solamente no podrán asir a la persona perfecta, sino que ni siquiera la podrán ver. Pues si la ven, la agarrarán. De ninguna otra manera podrá uno ser engendrado de Él en esta gracia, a menos que se vista en la luz perfecta y (la) luz perfecta esté sobre él. [Así vestido], saldrá [del mundo]. Éste es el perfeccionado [Hijo de la Cámara Nupcial]** (Mt 5:48, Fel 85).

113. **[Es apropiado] que seamos convertidos en [personas perfectas] antes de que salgamos [del mundo]** (Mt 5:48). **Quien ha recibido todo [sin recibir dominio[1]] en estos lugares [no podrá recibir dominio[1]] en aquel lugar; sino que [ir]á adelante a la transición como imperfecto. Sólo Yeshúa conoce el destino de éste[2]** ([1]literalmente, «hacerse amo»; [2]es decir, ningún otro puede medir la imperfección: Mt 25:31-46, Jn 8:7; Fel 10, 68, 112).

114. **El santo es enteramente sagrado, incluso su cuerpo.**[1] **Pues si recibe el pan lo santificará, o el cáliz,**[2] **o todo lo demás que reciba, lo purifica. ¿Y cómo no purificará también al cuerpo?** ([1]Jn 20:27; [2]ésta es la Eucaristía: Mc 14:22-24; Walt Whitman, *Hojas de césped* 142: «Divino soy dentro y fuera, y santifico todo que toco»; ¡enfáticamente antignóstico!).

115. **Yeshúa vertió la muerte por medio de perfeccionar el agua del bautismo.**[1] **Debido a esto, en verdad somos enviados a bajar al agua —pero no hasta la muerte, (sino) para que seamos vertidos fuera de la espíritu del mundo—. Cuando sopla aquélla, viene su invierno; (pero**[2]**) cuando respira la Sagrada Espíritu, viene el verano** (Mt 28:19, Fel 7, 96, 103; [1]esto parece ser un rechazo explícito de la doctrina paulina en Rom 6:3-4; [2]asíndeton).

116. **Quien conoce la verdad es liberado. Pero el liberado no transgrede, pues «el transgresor es el esclavo de la transgresión»** (=Jn 8:32-36!, I-Jn 3:9). **La Madre es la verdad, pero el unirse° es el conocimiento. El mundo llama liberados a los que es dado el no transgredir. El conocimiento de la verdad exalta los corazones de estos a quienes es dado el no transgredir. Esto es lo que los libera y los exalta sobre el lugar entero. Pero el amor es inspirador. No obstante, quien ha sido liberado por el conocimiento se esclaviza por el amor para los que todavía no han podido sostener ser liberados por el conocimiento. Pero el conocimiento los hace capaces, lo cual los libera.**

117. El amor [no se apropia] de nada, pues ¿cómo [(puede) apropiarse de algo puesto que todo] le pertenece? No [dice «Esto es mío»] ni «(Eso) es mío», [sino dice] «Son tuyos» (Job 41:11, Lc 6:30).

118. El amor espiritual [en verdad] es vino con fragancia; todos los ungidos con él lo gozan. Mientras los ungidos permanecen, los que están de pie a su lado (también) lo gozan. (Pero) si los ungidos con el crisma dejan de evangelizarlos (y[1]) se van, (entonces) los que no son ungidos (sino[1]) solamente están de pie al lado se quedan en su (propio) miasma. El samaritano no proporcionó al herido nada más que vino con ungüento —y él sanó los golpes, pues «el amor expía una multitud de transgresiones» ([1]asíndeton; Lc 10:30-37, Tom 24, =Pro 10:12→ I-Ped 4:8).

119. Aquellos a quienes engendrará la mujer se parecen a el que ella ama. Si (es) su marido, se parecen a su marido; si es un adúltero, se parecen al adúltero. A menudo, si hay (una) mujer (que) se acuesta con su marido por compulsión, pero su corazón está con el adúltero y ella se acostumbra a aparearse con él (también, entonces) el que ella engendra al parir se parece al adúltero. Pero vosotros que estáis con el Hijo de Dios —no améis el mundo sino amad al Señor, para que aquéllos que se engendrarán no se hagan parecidos al mundo sino se harán parecidos al Señor (Éx 20:14, Lev 20:10, II-Sam 11:1-5, 12:1-10, Mt 5:27-28+32, Mc 7:21, Jn 8:3-11).

120. El humano naturalmente se junta con el humano, el caballo se junta con el caballo, el burro se junta con el

burro; las especies naturalmente se juntan con sus mismas especies. Así la Espíritu naturalmente se junta con la Espíritu, y el Logos se aparea con el Logos, [y la] Luz se aparea [con la Luz. Si te] haces humano, (entonces) [la humanidad] te amar[á]; si te haces [espiritual], (entonces) la Espíritu se apareará contigo; si te haces razonante, (entonces) el Logos se juntará contigo; si te haces iluminado, (entonces) la Luz se apareará contigo; si te trasciendes, (entonces) lo Trascendental reposará sobre ti. (Pero) si te acostumbras de hacerte (como un) caballo o burro o becerro o perro u oveja u otro de los animales afuera e inferior, (entonces) ni la humanidad, ni la Espíritu, ni el Logos, ni la Luz, ni los de arriba, ni los de dentro podrán amarte. No podrán reposar en ti, y tu herencia no estará entre ellos (Sir 13:16, Fel 108; Ecles [Ben Sirach] 13:19-20, «Cada bestia quiere a su semejante; así también cada uno [quiere] a quien está más cerca de él. Toda carne se juntará con lo semejante a sí misma y cada persona se asociará con su semejante»).

121. **Quien se esclaviza involuntariamente podrá ser liberado. Quien ha sido liberado por la gracia de su amo y se ha vendido a sí mismo para esclavizarse (de nuevo) ya no podrá ser liberado** (Éx 21:5-6 [pero también Lev 25:10!], Fel 116).

122. **El cultivo en el mundo (es) por cuatro modos° —(las cosechas) se recogen en el granero por suelo y agua y viento y luz—. E igualmente, el cultivo por Dios es por cuatro: por confianza y anticipación° y compasión y conocimiento. Nuestro suelo es la confianza en**

la cual radicamos; el agua es la anticipación por la cual somos alimentados; el viento es la compasión por la cual crecemos; pero la luz es el conocimiento por el cual somos madurados (Tom 25, Fel 116; Gustave Flaubert, *Madame Bovary*: «Estiércol y lluvia y sol y viento traen a las flores»; Clemente de Alejandría, *Stromata* V.3: «Un hombre ignorante ha buscado; y habiendo buscado, encuentra al maestro; y encontrando, ha creído; y creyendo, ha esperado; y en adelante habiendo amado, es asimilado al amado —así es el método que muestra Sócrates»).

123. **La gracia causa [al alma humilde de la] persona terrenal, que se hiciera soberana [sobre...] lo que sobrepasa el cielo.[1] [Recibieron] por medio de [Él que] es bendito. Éste por su [Logos en verdad alza] sus almas** ([1]Tom 2!, 11!).

124. **Éste es Yeshúa el Cristo —él encantó el lugar entero y no agobió a nadie—. Por eso, bendita es esta persona perfeccionada de este tipo; pues ésta es el Logos** (Fel 29).

125. **Preguntadnos referente a él, ya que es difícil este (intento de representar)lo rectamente. ¿Cómo podremos tener éxito en esta gran (tarea)?** (Tom 13!; César Vallejo, «Un hombre pasa», *Poemas humanos*: «¿Cómo escribir, después, del infinito?»).

126. **¿Cómo va él a conferir reposo a cada uno? En primer lugar, no es apropiado afligir a nadie sea grande o pequeño, sea incrédulo o creyente. Luego, suministrar reposo a quienes descansan entre los buenos. Hay los que tienen el privilegio de suministrar reposo a los ideales. Quien practica lo bueno no puede de sí**

mismo darles reposo a éstos, pues no viene de su (propia) voluntad. Pero ni siquiera puede afligirlos, pues no los oprime. Pero quien es ideal a veces los aflige —no sea que él es así (penoso), sino que es la (propia) maldad de ellos la cual los aflige—. Quien es natural otorga alegría al bueno —pero de esto algunos se afligen terriblemente (Pro 21:15, Tom 90).

127. **Un amo de casa adquirió todo —ya sea hijo o esclavo o ganado o perro o cerdo, ya sea trigo o cebada o paja o heno o [huesos] o carne (o) bellotas—. Pero (era) sabio y conocía el alimento de cada [cual]. Frente a los hijos en verdad puso pan con [aceite de oliva y carne; frente a] los esclavos puso aceite de ricino con grano; frente al ganado [puso cebada] con paja y heno; a los perros les tiró huesos; pero frente a [los cerdos] echó bellotas y migajas de pan. Así es con el discípulo de Dios —si es sabio, es perceptivo con respecto al discipulado—. Las formas corporales no lo engañarán, sino que luego se fijará en la disposición del alma de cada uno para hablarle. En el mundo hay muchos animales hechos en forma humana —él suele reconocerlos a éstos—. A los cerdos en verdad les echará bellotas; pero al ganado le tirará cebada con paja y heno; a los perros les tirará huesos; a los esclavos les dará lo elemental[1]; a los Hijos les regalará lo perfecto[2]** ([1]la Torah; [2]el Evangelio; Mc 5:9-12!, 7:27!, Mt 7:6!, Jn 7:24!, Tom 93, Fel 79!; NB aquí se estipulan cinco niveles o etapas espirituales personales).

128. **Hay el hijo de la humanidad y hay el nieto de la humanidad. El Señor es el hijo de la humanidad, y el nieto**

de la humanidad es quien es creado por medio de el hijo de la humanidad. El hijo de la humanidad recibió de Dios la capacidad de crear; (sólo Dios) tiene la capacidad de engendrar (Tom 101).

129. **Lo que se crea es una criatura, lo que se engendra es una prole. Una criatura no puede engendrar, (mas[1]) una prole puede crear. Pero (suelen) decir que la criatura engendra. Sin embargo, su prole es una criatura. Por eso, los niños (de alguien) no son hijos de él, sino son (Hijos) de [Dios]** ([1]asíndeton; Ecl 11:5, Isa 29:33, Jn 1:12-13, 3:3, Fel 33; Kahlil Gibran, *El profeta*: «Vuestros niños no son vuestros niños; son los hijos y las hijas del anhelo de la Vida por sí misma. Llegan por vosotros pero no de vosotros; y aunque están con vosotros, no os pertenecen»).

130. **El (humano) que crea actúa manifiestamente y él mismo también se manifiesta; (el humano) que engendra [actúa] en [secreto] y se [esconde a sí mismo de] la imagen [de los demás]. (Así también) el Creador [en verdad] crea visiblemente; pero en engendrar Él [engendra a los] Hijos en secreto** (es decir: somos *engendrados* en la Espíritu, mientras que nuestras experiencias sensorias son *creadas*; Fel 93).

131. **Nadie [podrá] saber en cuál día [el varón] y la mujer se aparean entre sí, aparte de ellos mismos. Pues el matrimonio en el mundo es un sacramento para los que han tomado cónyuge. Si el matrimonio de impureza (!) es escondido, ¡cuánto más es un sacramento verdadero el Matrimonio Inmaculado!** (Fel 64, 73). **No es carnal sino puro, no es lujurioso sino compasivo,**

no es de la oscuridad ni de la noche sino del día y de la Luz. Un matrimonio que se exhibe es convertido en adulterio[1]; y la novia ha cometido adulterio[1], no solamente si recibe el esperma de otro varón sino aun cuando escapa de la alcoba° y se ve. ¡Qué se exhiba solamente a su padre y a su madre y al amigo del novio (Jn 3:29) **y a los hijos del novio! A éstos se les otorga entrar diariamente en la cámara nupcial. Pero para los demás, ¡qué se hagan anhelar aun oír su voz y gozar (su) fragancia, y qué se alimenten como los perros con las migajas que caen de la mesa! (Quienes) son del Novio dentro de la Novia pertenecen a la Cámara Nupcial. Nadie podrá contemplar al Novio con la Novia a menos que se convierta en esto** (=Mc 7:27-28!; [1]literalmente: prostitución°/prostituido).

132. **Cuando Abraham° se había [regocijado] al ver lo que iba a ver, circuncidó la carne del prepucio —enseñándonos que es apropiado renunciar a la carne [que pertenece a] este mundo** (antignóstico; Gén 17:9-14, Dt 10:6, Jn 8:56, Tom 53).

133. **[...Mientras] las entrañas de la persona quedan encerradas, la persona vive. Si sus entrañas están expuestas (y[1]) ella se desentraña, la persona morirá. Así también con el árbol: naturalmente brota y crece mientras su raíz queda cubierta, (pero[1]) si su raíz está expuesta el árbol se marchita.[2] Así es con todo engendrado en el mundo, no solamente con lo manifiesto sino también con lo escondido. Pues mientras la raíz de la maldad queda escondida, es fuerte; pero si se reconoce está destruida (y[1]) cuando se expone perece.**

Por esto dice el Logos (¡Juan Bautista!). «¡Ya el hacha ha alcanzado a la raíz de los árboles!» (=Mt 3:10!). **No (solamente) podará, pues lo que se poda naturalmente brota de nuevo. Sino que el hacha excava bajo tierra (y[1]) desarraiga. Pues Yeshúa arrancó la raíz del lugar entero, pero los otros (lo habían hecho) sólo en parte. Nosotros también —¡qué cada uno de entre nosotros excave hasta la raíz de la maldad que está dentro de sí mismo, (y[1]) arranque su raíz de su propio corazón!—. Pero se arrancará nada más que la reconozcamos. Pero si no nos enteramos de ella, arraiga dentro de nosotros y produce sus frutos en nuestros corazones. Se hace maestra sobre nosotros (y[1]) nos convertimos en sus esclavos. Somos capturados, lo cual nos obliga a hacer lo que no queremos (y[1]) [no] hacer lo que sí queremos.[3] Es poderosa hasta que la reconozcamos. Mientras queda subliminal, en verdad impulsa** (Job 14:7-9, Pro 20:9; [1]asíndeton; [2]Esquilo, *Agamenón* 967: «Cuando la raíz continúa viviendo, las hojas nuevas retornan»; [3]Charles Dickens, *Grandes esperanzas*: «Fui demasiado cobarde para hacer lo bueno que bien sabía, igual que había sido demasiado cobarde para evitar hacer lo malo que bien entendía»).

134. **La ignorancia es la madre de [toda la maldad** (Lc 23:34!, Hch 3:17), **y] la ignorancia (misma) resulta de la [confusión]. Aquellas cosas originadas en [la ignorancia] ni estaban ni [están] ni estarán [entre los veraces. Sin embargo], se perfeccionarán cuando la verdad entera se revele. Pues la verdad se asemeja a la ignorancia —si queda escondida reposa dentro de sí**

misma, pero si se revela es reconocida—. (La verdad) es gloriosa en cuanto prevalece sobre la ignorancia y libera de la confusión. El Logos dice: «¡Conoceréis la verdad (y[1]) la verdad os liberará!» (=Jn 8:32!). **La ignorancia esclaviza (pero[1]) el conocimiento es libertad. Al conocer a la verdad, encontraremos los frutos de la verdad dentro de nuestros corazones. Apareándonos con ella, recibiremos nuestra plenitud** ([1]asíndeton).

135. **Por ahora tenemos la manifestación de la creación. Suelen decir que (los seres visibles) son los poderosos honorables, mientras que los invisibles son los débiles despreciables. (Pero) la verdad es que los seres visibles son así débiles e inferiores, mientras que los invisibles son los poderosos y honorables** (san Buenaventura, *De Plantatione Paradisi* I.t.v.575: «No podemos llegar a conocer la sabiduría del Dios invisible salvo que tome la forma de las cosas visibles con las que estamos familiarizados»; Søren Kierkegaard, *Apostilla concluyente no científica*: «Un ser omnipresente debería ser reconocible precisamente por ser invisible»; Antoine de Saint-Exupéry, *El principito*: «No se ve bien más que con el corazón; lo esencial es invisible a los ojos»; el *I ching*, hexagrama 50, La vasija ritual: «Todo lo visible ha de crecer más allá de sí mismo, extenderse en el campo de lo invisible»).

136. **Pero los misterios de la verdad se revelan compuestos en imágenes simbólicas** (Fel 72.) **Sin embargo, la Alcoba queda escondida —es el Santo dentro de la Santidad** (Fel 82, 83).

137. **El velo (del Templo) en verdad al principio ocultaba cómo Dios gobierna a la creación. Pero (una vez que) el velo se rasgó y las cosas del interior se revelaron, entonces esta casa iba a quedar abandonada (y[1]) desolada, e incluso destruida. Pues la Divinidad entera se apartó de estos lugares no dentro de los santos de las santidades, pues no podía juntarse (allí) con la Luz ni juntarse con la plenitud sin defecto. Sino que iba a quedar bajo las alas de la cruz[2] [y en] sus brazos** (Éx 26:31-34, Mt 27:51, 23:38, 24:2, Fel 84; [1]asíndeton; [2]antignóstico; este dicho hay que fecharlo después del 70 d. de C.).

138. **Este arca será la salvación para nosotros cuando el cataclismo de agua los haya inundado** (Gén 6-9, Pro 10:25, Lc 17:22-37).

139. **Si unos pertenecen a la tribu sacerdotal, éstos serán permitidos entrar dentro del velo (del Templo) con el Sumo Sacerdote. Por eso no sólo fue rasgado el velo por la parte superior, pues de otra manera solamente se habría abierto para quienes están arriba; ni fue rasgado sólo por la parte inferior, pues de otra manera solamente se habría revelado para quienes están abajo. Sino que fue rasgado de arriba abajo. Aquellos de arriba se nos han abierto a nosotros de abajo, para que entremos en el secreto de la verdad** (Núm 18:7, Mc 15:38, Fel 84, 137).

140. **Este fortalecimiento es verdaderamente excelente. Pero entraremos allí por medio de símbolos despreciados y debilidades. Son en verdad humildes en presencia de la gloria perfecta. Hay gloria que sobrepasa**

(la) gloria,[1] hay poder que sobrepasa (el) poder (Fel 109). Por eso los perfectos se nos han abierto con los secretos de la verdad. Además, los santos de las santidades se han revelado y la Alcoba nos ha invitado para adentro ([1]asíndeton; Fel 83, 137).

141. Mientras la maldad en verdad está escondida (queda) en potencia, todavía no verdaderamente purgada de entre la semilla de la Espíritu Sagrada. (Así) son esclavizados por la opresión (Tom 45, Fel 133). Pero cuando la Luz Perfecta se revele, entonces se derramará sobre todos y cada uno dentro de ella recibirá el Crisma. Entonces serán liberados los esclavos [y] expiados los cautivos (Sal 19:12).

142. «[Toda] planta que no ha sembrado mi Padre celestial [será] desarraigada» (=Mt 15:13!). Los separados serán apareados (y) [los vacíos] colmados (Tom 40). Todos los que [entran en] la Alcoba nacerán en la Luz. Pues [no son engendrados] en la manera de las bodas que [no] vemos, (las cuales) se actúan de noche, (cuyo) fuego [llamea] en la oscuridad (y luego) se apaga. Sino que los sacramentos de esta Boda son consumados en el día y en la Luz. Ni aquel día ni su Luz declina jamás (asíndeta multiples; Fel 73, 131, Vrd 33).

143. Si alguien se convierte en un Hijo de la Cámara Nupcial, recibirá la Luz. Si uno no la recibe en estos lugares, tampoco podrá conseguirla en el otro lugar. Quien ha recibido aquella Luz no será visto ni podrán detenerlo; ni podrá nadie molestarle a éste de este tipo, aunque participe en la sociedad del mundo. Y además, (cuando) sale del mundo ya ha recibido la

verdad por medio de las imágenes. El mundo se ha convertido en la eternidad, porque para él la plenitud es lo eterno. Y así se le revela a él individualmente —no escondida en la oscuridad (ni) en la noche, sino escondida en un día perfecto y en una Luz Santa (Fel 85).

NOTAS A FELIPE

Se recomienda al lector que consulte el *interlinear* híperligado (www.metalog.org/files/ph_interlin.html) de cada número de Felipe, pues (**a**) el texto es conceptualmente complejo y (**b**) los papiros están algo deteriorados —así que cualquier interpretación ha de ser provisional—. La traducción es concordante con la de Tomás, y por eso las palabras tratadas en sus notas no se repiten aquí. Se enumeran las referencias completas de unos términos seleccionados, para los demás se da sólo la primera cita. Las tres etapas de esta traduccion: (**1**) www.metalog.org/files/till/interlin/till-01.jpg [1990], (**2**) www.metalog.org/files/ph_interlin/philip_2.gif [2004], (**3**) www.metalog.org/files/ph_interlin/ph002.html [2008].

Abraham (132): heb אברהם (padre de muchos); el primer patriarca hebreo (Gén 11:26).

Alcoba (131, 136, 140, 142): gr ΚΟΙΤΩΝ; véase también Cámara Nupcial.

Aliento (42): véase Espíritu.

Ángel (21, 29, 30, 56, 59, 65): gr ΑΓΓΕΛΟΣ = heb מלאך (*malak:* emisario, mensajero); aquí el ego puro del individuo, nacido de Dios, que observa las imágenes; Mt 18:10, Lc 20:36, Tom 88; véase «Ángel, imagen y símbolo».

Anticipación (122): gr ΕΛΠΙΣ (expectación) = heb תקוה (*tiqvah*); no mero anhelo, sino anticipación —Clemente de Alejandría, *Stromata* II.6: «La esperanza es la expectación de la posesión de lo bueno; necesariamente, entonces, es la expectación fundada en la fe»; Isa 42:9, Jn 16:13!

Apareamiento (30, 36, 64, 65, 80, 86, 87, 89, 119, 120, 131, 134, 142): cop ϩⲱⲧⲣ (C726b) = gr ΚΟΙΝΩΝΙΑ (ser en común); unión sexual; compárese con el «concubinato» israelita, la unión sexual sin matrimonio (en la cual no hereda la prole), como Abraham con Agar y Cetura (Gén 16 y 25:1-6) o el Rey David (II-Sam 15:16) —no prohibido ni por la Torah ni por Cristo (Éx 20:14, Lev 20:10, Mt 5:28 refieren *solamente* a la esposa de otro hombre, *no* a una soltera ni a una viuda)—; véanse Compañera, Juntarse, Pareja y Sacramento.

Apóstol (18): gr ΑΠΟΣΤΟΛΟΣ (enviado adelante); alguien comisionado; compárese con Discípulo.

Apostólico (18): gr ΑΠΟΣΤΟΛΙΚΟΣ (seguidor de los apóstoles).

Arameo (20): lengua semítica del mundo antiguo, fechada por documentos extrabíblicos hacia el 3000 a. de C., fuente del alfabeto hebreo de letras cuadradas, el idioma tanto de Abraham (Dt 26:5) como de Cristo en su ministerio (Mc 5:41, 7:34, 15:34, Mt 27:46); Gén 22:20-21, II-R 18:26, Isa 36:11.

Autoridad (13): gr ΑΡΧΩΝ (un ser original); un funcionario en la sociedad; véase Mundo/Sistema en «Notas a Tomás».

Bautismo (47, 73, 81, 82, 96, 97, 101, 115): gr ΒΑΠΤΙΣΜΑ (inmersión); el sacramento de limpieza espiritual referente a la Torah —véanse Sacramento, Torah, Isa 1:16-17, Mc 1:4, Mt 28:19, Hch 1:22, Vrd 37, Juan Bautista en «Notas a Tomás».

Caín (46): heb קין (producto y por tanto posesión); es decir, «obra mía o nuestra» en lugar de «obra de Dios» —quizás significando que la «transgresión original» de los humanos consistía en afirmarse (como dioses) creadores y en consecuencia jueces, de su prole; Gén 2:15-4:1, Ecl 11:5! —véanse Fel 93 129, además de «Teogénesis».

Cámara Nupcial (65, 71, 72, 73, 82, 94, 95, 101, 108, 112, 131, 143: véase Cámara Nupcial en «Notas a tomás»; 79, 84, 86, 87, 89: gr ΠΑΣΤΟΣ); véanse también Alcoba, Sacramento y Fel 64 (el sacramento del matrimonio, el apareamiento puro), 85 (el sacramento del apareamiento), 104, 109, 131 (el matrimonio inmaculado), 142 (los sacramentos de esta boda).

Compañera (36, 59): gr ΚΟΙΝΩΝΟΣ (compañero, socio; NB plural en Lc 5:10!); véase Apareamiento; la forma femenina de esta palabra griega *jamás* significa «esposa» (www.metalog.org/files/gk.jpg); además, al contrario de la afirmación en la novela popular *El código Da Vinci* (2003), el arameo subyacente, חבר (*jaberet*: compañera), tampoco significa «esposa» (www.metalog.org/files/aram.jpg); referente a la famosa pintura de

Leonardo, en sus sumamente secretos *Cuadernos* I.665 «Notas sobre la Última Cena», ¡él mismo inequívocamente refiere a esa figura como varón! (www.metalog.org/ files/leonardo1.html); video: www.metalog.org/files/dvcode_1.wmv.

Comunión (106): cop ϢⲖⲎⲖ (C559a); comunicando con Dios, oración: *The Shorter Oxford English Dictionary*, 5ª edición, CD-ROM versión 2.0: «Communion: 3. Intimate mental or spiritual communing», es decir, oración en silencio —véase Mt 6:6; (nótese que ΠΑΝΤΟΤΕ ΠΡΟΣΕΥΧΕΣΘΑΙ en Lc 18:1 manda la oración *continua*).

Confianza (4, 122): gr ΠΙΣΤΙΣ (fe); no mera opinión, sino confianza personal en alguien o en algo.

Confusión (10, 18, 22, 74b, 97, 134): gr ΠΛΑΝΗ (descarrío; así «planeta» como un cuerpo celestial que parece desviarse con respecto a las estrellas fijas); véase Vrd 3 en adelante.

Contemplación (95): gr ΘΕΩΡΙΑ; aquí significa mirar las imágenes de uno mismo como la propia imaginación manifestada de Dios (Mt 18:10 y «Ángel, imagen y símbolo»); la cita paralela de Aristóteles es: Η ΘΕΩΡΙΑ ΤΟ ΗΔΙΣΤΟΝ ΚΑΙ ΑΡΙΣΤΟΝ: «La contemplación [de lo inteligible (ΝΟΗΤΟΝ) es] lo más deleitable y excelente».

Crisma (20a, 28, 51, 52, 71, 72, 73, 80, 81, 88, 98, 101, 118, 141): gr ΧΡΙΣΜΑ (ungüento) = cop ⲚⲈϨ (C240b), ⲤⲞϬⲚ (C388b), ⲦⲰϨⲤ (C461b); el sacramento de ungir con aceite de oliva, cristificación; véanse Sacramento, Ungido, Vrd 41.

Crístico (6, 14, 48, 53, 63, 101, 103, 108): gr ΧΡΙΣΤΙΚΟΣ (seguidor de Cristo) = hebreo «mesiánico» (seguidor del Mesías).

Cristo (4): gr ΧΡΙΣΤΟΣ; véase Ungido.

Desigualdad (65): cop ⲁⲧ.ⲧⲱⲧ (P063d C438a: no de acuerdo, no juntos); véanse Unirse y Tom 61b!

Discípulo (19): gr ΜΑΘΗΤΗΣ (seguidor; una palabra notablemente ausente de las epístolas de Pablo); en el griego ático, este término se usaba para referirse a los alumnos de los filósofos y retóricos —como en el *Protágoras* 315A de Platón; compárese con Apóstol.

Época (7, 70): cop ⲉⲛⲉϩ (C057a) = gr ΑΙΩΝ (eón, incondicional); designa a una *limitada* era de tiempo específico, o una eternidad transtemporal —no sólo, como generalmente es traducido, «para siempre».

Espejado (65, 93): gr ΕΙΚΟΝΙΚΟΣ: representado; véase Imagen en «Notas a Tomás».

Espíritu (6): véanse Espíritu y Sagrada Espíritu en «Notas a Tomás».

Eterno (9, 10, 109, 143): véase Época.

Eucaristía (30, 57, 73, 106, 114): gr ΕΥΧΑΡΙΣΤΙΑ (buen regocijo, agradecimiento); el sacramento de pan y vino (Lc 22:14-20); véase Sacramento.

Eva (76): heb חוה (viviente, Gén 3:20); véanse Caín y Mujer.

Expiar (8, 51, 73, 82, 88, 96, 141): cop ⲥⲟⲧⲉ (C362a) = gr ΛΥΤΡΟΩ = heb כפר (*kpr:* cubrir/sustituir; como en «Yom Kipur»: día de expiación); sacrificio o padecimiento personal, por el culpable *o por el inocente*, que sirve para reconciliar al culpable (Lev 1:1-4, 16:1-34,

Isa 53, Mt 5:10-12, 20:28, Tom 58, 68, 69a); véanse Sacramento, Vrd 1; Ana Frank, *Diario*: «Quizás nuestra religión enseñará al mundo y a toda la gente en él acerca del bien y ésa es la razón, la única razón, por la cual tenemos que padecer».

Felipe el Apóstol (98): Felipe = gr ΦΙΛΟΣ–ΙΠΠΟΣ → ΦΙΛΙΠΠΟΣ (amigo de caballos) Mc 3:18, Jn 1:43-46, 12:21, 14:8; distinto de:

Felipe el Evangelista (Colofón): Hch 6:1-6, 8:4-40, 21:8-14!; destacado discípulo temprano, uno de los Siete y autor de este texto.

Hebreo (1, 6, 18, 50): heb עבר (*eber*: cruzar al otro lado, allende, transeúnte; Tom 42!); el linaje de Sem y sobre todo de Abraham (Gén 10:21, 14:13, 16:15 —¡así Ismael también era hebreo!).

Heredero (98): cop ϭⲣⲟϭ (C831b: semilla, semen); por analogía con Fel 18, y como ΣΠΕΡΜΑ en Fel 108, este término tiene que ser aquí una metáfora por «heredero» en lugar de significar literalmente «prole».

Iglesia (10): gr ΕΚΚΛΗΣΙΑ (llamado afuera); la asamblea de los «llamados afuera» del mundo (Mt 16:18, 18:15-20); éste había sido el término para la asamblea ateniense; Sal 22:22.

Imagen/Imaginación (24n, 26n, 30, 47n, 58n, 72, 84, 93, 95, 130, 136, 143): véase «Notas a Tomás».

Jerusalén (82): heb ירושלים (cimientos/ciudad de paz); nótese que heb ירה (*yarah:* directiva) es la raíz tanto de «Jeru-» como de «Torah».

Jónico (20a): gr ΙΟΝΙΟΣ (violeta) = heb יוןיין (*yavan/yayin:* vino); nombre hebreo para los griegos (Gén 10:2-5,

Dan 8:21); la costa de Asia Menor (actualmente Turquía) fue donde los griegos encontraron las antiguas civilizaciones medio orientales, adquiriendo el alfabeto semítico vía los fenicios (ΦΟΙΝΙΞ: púrpura, nombre griego para los cananeos [hebreo: «mercaderes»] de Gén 9:18-10:19, 12:5-7, I-R 5, Ezek 27-28; compárense Mt 15:22 con Mc 7:26; según *Las historias* I de Heródoto, Tales de Mileto —el primer «presocrático»— era fenicio/cananeo).

Jordán (88): heb ירדן (descendiente); el río de la Tierra Santa, que se extiende al norte del valle de la Gran Falla Africana; NB al aparecer el río Pisón de Gén 2:11(!); así, ¿habría podido acontecer el Diluvio en el valle de la Gran Falla *Jordán*? —más inteligible topológicamente, ignorando el problemático Ararat («tierra sagrada/alta»)—; esto por supuesto ubicaría todo Gén 2-9 dentro del valle del Jordán, con Gén 10 la primera dispersión humana (es decir, lingüística?!), y Gén 11 entonces en Mesopotamia.

José el Artesano (98): José = heb יוסף (adición); artesano = cop ϩⲁⲙϣⲉ (C546b), gr ΤΕΚΤΩΝ (Mt 13:55); marido de la Virgen Máriam; notablemente callado en los evangelios.

Juntarse (65, 120, 137): cop ⲧⲱϩ (C453b: unirse, copular); ¡primero Mt 19:12 en el contexto de los cuatro sacramentos anteriores (Fel 73) y sólo después el quinto sacramento!; véanse Apareamiento, Compañera, Pareja y Sacramento.

Leví (58): heb לוי (afiliarse, convertirse); el patriarca del linaje sacerdotal en el AT; Fel 58 así se podría interpretar:

«El Señor entró en la tintorería de conversión [o del sacerdocio]...» (Isa 14:1, Zac 2:11).

Magdalena (36, 59): heb מגדל (*mígdal*: atalaya), Pro 18:10, Isa 5:1-2, Miq 4:8, Lc 8:2, Jn 20:1-18; se debe notar que ΑΠΤΩ en Jn 20:17 no significa meramente «tocar, agarrarse» sino también «encender» (como en Lc 8:16) y así «acariciar», igual que en Lc 7:39.

Medido (51): heb מ־שקל (*m-shql*: *de-shékel*/peso); al parecer aquí se hace un juego de palabras con משיח (*mashíaj*, Mesías).

Mesiánico (6): hebreo «Mesías» con sufijo griego -ΙΚΟΣ (así: seguidor del Mesías); véase Crístico.

Mesías (20a): heb משיח (*mashíaj*); véase Ungido.

Misterio (21, 64, 73, 85, 89, 104, 131, 136, 142): gr ΜΥΣΤΗΡΙΟΝ; secreto o sacramento, un término de las antiguas religiones mistéricas mediterráneas; véanse Sacramento, Mc 4:11, Tom 62, Vrd 5 45.

Modo (122): gr ΕΙΔΟΣ: el vocablo para las formas platónicas (frecuentemente como ΙΔΕΑ) y además para las especies aristotélicas; nótese también la alusión evidente a los cuatro elementos primarios de la física antigua: tierra, agua, aire y fuego (reformulados en la física moderna como las cuatro condiciones básicas de la materia: sólido, líquido, gas y plasma).

Mujer (18): cop ⲤϨⲒⲘⲈ (C385a); aquí se da énfasis a la Sagrada Espíritu como nuestra Madre universal, como en Isa 49:15, 66:13, Lc 13:34; véanse Espíritu y «La Espíritu Materna», abajo.

Nacionalista (4): heb גוי (*goy*: ¡cadáver!) = gr ΕΘΝΙΚΟΣ; pagano, gentil, no israelita, como en Sal 2, Mt 18:17, 20:25, 24:9, Hch 4:25-26.

Natural (126): véase Añejo/Bondadoso/Natural en «Notas a Tomás».

Nazareno (20b): hebreo «de Nazaret» (ortografía griega del NT: ΝΑΖΑΡΗΝΟΣ, como en Mc 1:24); debe distinguirse cuidadosamente de:

Nazirito (51): heb נזיר (coronado, consagrado); ortografía griega del LXX y del NT: ΝΑΖΩΡΑΙΟΣ, como en Núm 6:1-8 LXX, Jue 13:5 → Mt 2:23; santo hebreo, sea varón o mujer, (**1**) que no se corta el cabello, (**2**) que se abstiene de los productos de la viña, y (**3**) que evita a los cadáveres —Cristo implícitamente abrogó las dos últimas reglas [Lc 7:11-17, 22:17-18].

Novicio (1): gr ΠΡΟΣΗΛΥΤΟΣ (prosélito, acercante); alguien convertido a la Torah (Núm 9:14, Tob 1:8, Mt 23:15, Hch 2:10) tal como san Nicolás de Antioquía («Santa Claus», ¡el primer discípulo gentil!) en Hch 6:5; «Un prosélito es un judío íntegro»: Abraham Chill, Biblio. 21.

Pablo (25, 96, 115): latín «pequeño»; el presunto apóstol (pero véase «La paradoja de Pablo»); notablemente, Mt 5:19 así se puede leer «Quienquiera que afloje el menor de estos mandamientos [¡o peor, *todos* de ellos, como en Rom 7:6!]... Pablo (esto es, pequeño) será llamado en el reino de los cielos».

Paraíso (15): gr ΠΑΡΑΔΕΙΣΟΣ; término introducido por Jenofonte, del sánscrito *paradesa* (jardín) vía el persa *pardes* (parque); véanse Gén 2:8 LXX donde = heb גנ (*gan*, jardín) y Lc 23:43!

Pareja (36, 87): cop ϩⲱⲧⲣ (C726b); véanse Apareamiento, Compañera, Juntarse y Sacramento.

Patrimonio (64): la atribución del engendramiento de niños a padres humanos, en lugar de directamente a Dios; «matrimonio ↔ patrimonio» (o «casamiento ↔ herencia») significa mutua implicación lógica, como en Gén 25:5-6 y también leyes 170-71 del Código de Hamurabi; León Tolstoi, *Guerra y paz*: «Un hijo ilegítimo no puede heredar»; véanse Caín, Dt 14:1, Os 1:10, Mt 23:8-9, Lc 20:34-6, Jn 1:12-13, 11:52, Tom 105, además de «La Espíritu Materna» y «Teogénesis».

Perfecto (15): gr ΤΕΛΕΙΟΣ (completo); es de suma importancia notar que la moralidad bíblica exhibe una lógica de tres valores en lugar de binaria: (1) malo/equivocado [en violación de la Torah], (2) bueno/correcto [de acuerdo con la Torah], y (3) perfecto [de acuerdo con el Mesías]; véanse Mt 5:48, 19:16-21.

Profanación (18, 64, 65): cop ϫⲱϩⲙ (C797b) = gr ΜΙΑΣΜΑ = heb טמא (*tame*); impureza ritual (Lev 15), a diferencia de la transgresión de la Torah (Lev 19) —una distinción vital—; véase Torah, Transgresión en «Notas a Tomás».

Prostitución (131): gr ΠΟΡΝΕΙΑ (de ΠΕΡΝΗΜΙ, vender) no significa «fornicación»[1] (relaciones sexuales no adúlteras fuera del matrimonio, incluido especialmente el concubinato [heb פלגש, *pilegesh*] como en Gén 16:3, 26:6), sino «prostitución» (relaciones sexuales cúlticas o comerciales, como en «porno-grafía»); Gén 38, Jos 2, Pro 6:26; véanse Mc 7:21!! y Tom 105; la prostitución se prohíbe por Dt 23:17 (cúltica) y Lev 19:29

(comercial) —nótese que tienen la culpa los padres, alcahuetes y clientes de la prostituta y no ella misma, que es víctima, Mt 21:31—; NB utilizar el erotismo en anuncios comerciales, es prostitución; Bruce Malina, «¿Significa *PORNEIA* la prostitución?», *Novum Testamentum* 1972, nota que «no hay ninguna prueba en el uso tradicional o contemporáneo de la palabra *porneia*, que la interpreta como cópula prenoviazgo, prematrimonial y heterosexual, de tipo ni cúltico ni comercial —es decir, lo que hoy día llamamos «fornicación»—; mientras que «lo que designa un comportamiento como... ilegal es que se prohíbe explícitamente por la Torah... ¡En ningún caso se prohíbe la cópula prenoviazgo, no comercial, no cúltica y heterosexual (lo cual generalmente se llama «fornicación» hoy día)!» (www.metalog.org/ files/malina.html); como en Fel 131 además de Mt 5:32, el término ΠΟΡΝΕΙΑ también se podía usar por extensión para relaciones sexuales explícitamente prohibidas por la Torah, como el incesto, la homosexualidad masculina o el adulterio (es decir, la infidelidad sólo de una esposa; la poliginia era uno de los castigos de la mujer en Gén 3:18); véanse Apareamiento, Gén 25:1-6, II-Sam 3:2-5, 5:13, 15:16, Mt 5:32, Jn 8:2-11 ([1]como mal traducido, *sin duda a próposito*, en Mc 7:21 tanto en la Vulgata de Jerónimo [405 d. de C.] como en el NT inglés de William Tyndale [1525] —mientras que Martino Luther en su NT alemán [1522] la tiene correcta como «prostitución»)

Renacimiento (72): cop ϫⲠⲞ Ⲛ̄.ⲔⲈ.ⲤⲞⲠ (nacimiento otra vez: C778b C090b C349b) ≠! gr ΓΕΝΕΣΗ ΑΝΩΘΕΝ (engendración de lugar arriba; la frase griega puede significar igualmente «nacer de arriba» o «nacer de nuevo»; compárense Jn 3:3 con 3:31).

Restauración (72): gr ΑΠΟΚΑΤΑΣΤΑΣΙΣ (desde abajo parado), como en Hch 1:6, 3:21 —en los papiros seculares, este término se usa para indicar la reparación de edificios, la devolución de propiedades a sus dueños verdaderos y el balance de cuentas.

Sabiduría (39, 40, 43, 59): gr ΣΟΦΙΑ = aram חכמת (*jokmat*, Éx 35:35); véase Vrd 16, 30, 34, Filósofo en «Notas a Tomás».

Sacramento (64, 73, 85, 104, 131, 142): véase Misterio y Fel 127; Fel 73 da una lista secuencial y jerárquica de cinco sacramentos: (**1**) *Bautismo* [limpieza moral referente a la Torah]; (**2**) *Crisma* [el discipulado mesiánico]; (**3**) *Eucaristía* [la comida comunal, conmemorando el sacrificio de Yeshúa]; (**4**) *Expiación* [padecer para la salvación de otros: simpatía, persecución]; y (**5**) *Santa Cámara Nupcial* [el juntarse de los discípulos con las discípulas, para celebrar su nacimiento eterno por el apareamiento del Padre con la Sagrada Espíritu].

Salvador (59): gr ΣΩΤΗΡ = cop ⲚⲞⲨϨⲘ (C243b) = heb ישע (*ysha*); véanse Yeshúa en «Notas a Tomás», Vrd 1.

Símbolo (72, 74a, 106, 136, 140): gr ΤΥΠΟΣ (tipo, letra alfabética, diseño, modelo, idea general).

Tez (58): gr ΧΡΩΜΑ (el color de la piel) = sánscrito *varna* (tez, así casta!).

Torah (100): heb תורה (flecha/directivo); los 613 mandamientos o *mitzvot* de la ley del AT, también específicamente los cinco libros de Moisés (Gén → Dt); Sal 9:7-10, Mal 4:4, Mt 5:17-19, 23:23, Lc 16:31, Vrd 36; véanse Bautismo y Perfecto, además de Abraham Chill, Biblio. 21; nótese: ¿en qué letra fue escrito el Decálogo sinaico?, referente al origen del alfabeto semítico.

Transición (68): cop ⲘⲎⲦⲈ (C190b) = gr ΜΕΣΟΤΗΣ (medio); entre alternativas, ni el uno ni el otro (Ap 3:16!); véase Maldad 12 en «Notas a Tomás».

Ungido (20a): heb משיח (*mashíaj,* Mesías) = gr ΧΡΙΣΤΟΣ; en Israel antiguo, tanto sacerdotes como profetas y monarcas eran consagrados por coronamiento con un ungüento de aceite de oliva (Éx 29:7, I-R 19:16, II-Sam 2:4 —así Lc 4:18, Mt 26:6-7); véanse Gén 28:18, Éx 30:22-33.

EL EVANGELIO DE LA VERDAD

1. **El Evangelio de la Verdad es alegría para quienes han recibido del Padre de la verdad el don de conocerlo°, por el poder del Significado[1] que procede de la plenitud que existe dentro del pensamiento y la mente del Padre. Éste es el que es llamado el Salvador —cual es el nombre de la tarea que él ha de hacer para la expiación de quienes no conocían el Nombre del Padre** (Mt 1:21, Jn 17, Hch 4:12; [1]Logos).
2. **Pues el evangelio es la revelación del esperado, es el descubrimiento de ellos mismos que lo buscan. Ya que todos estaban buscando a aquel de quien habían salido —y todos existían dentro de él, el inconcebible incomprensible, el que existe más allá de todo pensamiento**

(Fel 125). **Por eso el no conocer al Padre causaba ansiedad y temor. Entonces la ansiedad se condensó como una neblina, hasta que nadie podía ver.**

3. **Así la confusión creció fuerte, ideando su materia en vaciedad sin conocimiento de la verdad, preparándose para sustituir una fabricación potente y seductora, en lugar de la verdad. Pero esto no fue ninguna humillación para él, el inconcebible incomprensible. Pues la ansiedad y el olvido[1] y la fabricación engañosa no eran nada —mientras que la verdad establecida es inmutable, imperturbable y de una belleza inadornable—. ¡Por eso despreciad la confusión! No tiene raíces y existía en una neblina con relación al Padre, preparando labores y olvidos y temores, para tentar a los de la transición y capturarlos** (Fel 68; [1]León Tolstoi, *Ana Karénina*: «Aquella solución universal que da la vida a todas las cuestiones, aun las más complejas y insolubles: hay que vivir en las necesidades del día —es decir, olvidarse»).
4. **El olvido de la confusión no fue hecho como una revelación, no es una obra manual del Padre. El olvido no sucede bajo su dirección, aunque bien sucede a causa de él —ya que lo que existe dentro de él es conocimiento—. Esto se revela para que el olvido se disuelva y el Padre sea conocido. Puesto que el olvido ocurrió porque el Padre no se conocía, después cuando el Padre se conozca ya no habrá más olvido.**
5. **Éste es el evangelio de quien se busca, lo cual él ha revelado a los perfeccionados por las misericordias del Padre como el misterio secreto: ¡Yeshúa el Cristo!**

Él alumbró a quienes estaban en la oscuridad a causa del olvido. Los iluminó. Les dio un sendero y ese sendero es la verdad que él proclamó.

6. **Por eso la confusión se enfureció con él y lo persiguió para suprimirlo y eliminarlo. Fue clavado a una viga;[1] se hizo el fruto de conocer al Padre. No obstante, (eso) no causó que perecieran quienes lo consumieron, sino que a quienes lo consumieron les otorgó un regocijo en tal descubrimiento. Porque él los encontró dentro de sí mismo y ellos lo encontraron dentro de sí mismos:[2] el inconcebible incomprensible, el Padre, este perfecto quien creó la totalidad, dentro de quien la totalidad existe y de quien la totalidad tiene necesidad. Pues él había retenido dentro de sí mismo el perfeccionamiento de ellos, el cual todavía no había conferido a todos ellos** ([1]antignóstico: Dt 21:22-23, Jn 19:18, Hch 10:39; [2]Jn 14:20).

7. **El Padre no es envidioso, pues ¿qué envidia podría haber entre él y sus miembros?[1] Por cuanto, si la manera de esta época hubiera prevalecido, no habrían podido venir al Padre, que retiene dentro de sí mismo la realización de ellos y quien se la confiere a ellos como un retorno a él, con un conocimiento único en perfección. Él es quien ordenó la totalidad. Y la totalidad se contiene en él[2] y la totalidad tenía necesidad de él. Es semejante a una persona a quien algunos no habían conocido, aunque él desea que lo conozcan y lo amen. Pues ¿de qué carecían todos, excepto conocer al Padre?** (Jn 14:9; [1]Mc 15:10!, Tom 77; [2]Fel 21).

8. **Así él se hizo un guía reposado y sosegado en el lugar de instrucción. El Significado vino al medio° y habló como el maestro designado para ellos. Se acercaron quienes se consideraban a sí mismos como sabios, poniéndolo a prueba —pero él los avergonzó en la vanidad de ellos mismos—. Lo odiaron, porque no eran verdaderamente sabios. Entonces, después de todos ellos, se acercaron también los niñitos, que conocen al Padre. Habiendo sido confirmados, conocieron las formas del rostro° del Padre.[1] Conocieron, se conocieron; se glorificaron, glorificaron. El libro viviente de la vida fue revelado dentro del corazón de ellos, este que se inscribe en el pensamiento y la mente del Padre y que ha existido dentro de su incomprensibilidad desde antes de la fundación de la totalidad. Nadie puede quitar este (libro), porque fue designado para él que lo tomaría y sería matado[2]** (Isa 5:21, Mt 18:10; [1]Sal 17:15, Clemente de Alejandría, *Stromata* V6: «Se dice que el Hijo es el rostro del Padre, pues es el revelador del carácter del Padre a los cinco sentidos por vestirse con la carne»; [2]antignóstico).

9. **Ninguno de los que confiaban en la salvación podría manifestarse a menos que este libro hubiese venido al medio. Por eso el misericordioso y fiel —¡Yeshúa!— con paciencia padeció los sufrimientos para tomar este libro, ya que él sabía que su muerte es vida para muchos.[1] Tal como la fortuna del difunto dueño de la propiedad queda en secreto hasta que se abra su testamento, igualmente la totalidad quedó escondida mientras el Padre de la totalidad quedaba invisible**

—este por quien todas las dimensiones se originan—. Por eso se apareció Yeshúa, vestido en aquel libro (Ap 5:1-5; [1]antignóstico).

10. **Él fue clavado a una viga,[1] para publicar el decreto del Padre en la cruz. ¡Oh enseñanza sublime, por la cual él se humilló a sí mismo hasta la muerte mientras vestido en la vida eterna! Él quitó los harapos de la mortalidad para ponerse esta inmortalidad, la cual nadie tiene el poder de quitársela. Entrando en los espacios vacíos de los terrores, él sacó a quienes habían sido despojados por el olvido. Actuando con conocimiento y perfección, él proclamó lo que hay dentro del corazón [del Padre, para] hacer sabios a quienes han de recibir la enseñanza. Pues quienes son instruidos son los vivientes, inscritos en este libro de la vida, quienes se enseñan con respecto a sí mismos y reciben a sí mismos por medio del Padre en volverse a él de nuevo** ([1]antignóstico; Dt 21:22-23, Hch 10:39, Vrd 6).

11. **En que la perfección de la totalidad existe dentro del Padre, es menester que todos asciendan a él. Cuando alguien conoce, recibe las cosas que son suyas y las recoge. Pues quien no conoce tiene una falta —y lo que le falta es grandioso, pues lo que le falta es quien le haría perfecto—. En que la perfección de la totalidad existe dentro del Padre, es menester que todos asciendan a él. Así cada uno y todos reciben a sí mismos** (Mt 5:48).

12. **Él los inscribió en adelante, habiendo preparado este regalo para quienes surgieron de él. Todos aquéllos,**

de cuyos nombres él tenía presciencia, son llamados al final. Así quien conoce tiene su nombre pronunciado por el Padre (I-Sam 3:10, Lc 19:5). Pero aquel cuyo nombre no ha sido pronunciado queda sin conocimiento. ¿Cómo en verdad puede responder alguien, cuyo nombre no ha sido llamado? Pues el que queda sin conocimiento hasta el final es un producto del olvido, con el cual desaparecerá. Por otra parte, ¿por qué en verdad no hay ningún nombre para aquellos miserables y por qué no responden al llamamiento?

13. Así, alguien con conocimiento, es de arriba. Cuando es llamado, oye y responde y vuelve a quien lo llamó, ascendiendo a él. Y descubre quién es el que lo llama. En el conocimiento, cumple la voluntad de quien lo llamó. Desea agradarle; y otorgado el reposo, recibe el Nombre del Uno. Quien conoce así descubre de dónde ha venido y adónde va. Entiende como alguien que se embriagaba y que ha sacudido su embriaguez y ha vuelto a sí mismo, para enderezar esas cosas que son suyas (Tom 28).

14. Él ha traído de vuelta a muchos desde la confusión. Antes de ellos, él entró en los espacios por los cuales sus corazones habían emigrado al extraviarse, debido a la profundidad de él que rodea todas las dimensiones sin ser rodeado. Es una gran maravilla que existieran dentro del Padre sin conocerlo, y que pudieran apartarse a sí mismos, porque no podían ni comprender ni conocer a aquel en cuyo interior existían. Pues así su voluntad todavía no había salido desde adentro

de él. Pues él se reveló, para que todas sus emanaciones° se reunieran con él en el conocimiento.

15. Éste es el conocimiento del libro viviente, por medio del cual al final el (Padre) se ha manifestado a los eternos°, como el alfabeto de la revelación de sí mismo. Estas (letras) no son vocales ni consonantes, de tal forma que alguien pudiera leerlas y pensar en la vaciedad. Sino que son el alfabeto verdadero —según el cual quienes lo conocen son expresados—. Cada letra es un pensamiento perfecto, cada letra es semejante a un libro completo, escrito en el alfabeto de la unidad por el Padre —quien escribe a los eternos, para que puedan conocer al Padre por su alfabeto (Ps 139:16, Ap 1:8).

16. Su sabiduría medita sobre el Significado, su enseñanza lo expresa, su conocimiento lo reveló, su dignidad es coronada por él, su alegría se une a él, su gloria lo exaltó, su apariencia lo manifestó, su reposo lo recibió, su amor lo encarnó,[1] su fe lo abrazó ([1]antignóstico).

17. Así el Significado del Padre entra en la totalidad como el fruto de su corazón y la forma del rostro de su voluntad. Pero él los sostiene a todos, los expía y además asume la forma del rostro de cada uno, purificándolos, trayéndolos de vuelta —dentro del Padre, dentro de la Madre, Yeshúa de bondad infinita—. El Padre destapa su seno,[1] que es la Sagrada Espíritu, revelando su secreto. ¡Su secreto es su Hijo! (Fel 20b). Así por las compasiones del Padre, los eternos lo conocen. Y cesan en su labor de buscar al Padre y tienen reposo dentro de él, sabiendo que esto es el

reposo ([1]Las Odas de San Salomón 8:17, «Mis propios pechos les preparé para ellos, para que pudieran beber mi santa leche y así vivir»; véase también Oda 19).

18. **Habiendo rellenado la deficiencia, él disolvió el esquema°. Pues el esquema es este mundo en el cual él sirvió de esclavo, y la deficiencia es el lugar de envidias y disputas. Pero el lugar de la unidad perfecto es. Ya que la deficiencia sucedió porque el Padre no era conocido, en consecuencia cuando el Padre se conozca, ya no habrá ninguna deficiencia. Tal como la ignorancia: cuando alguien sabe, la ignorancia se disuelve por sí misma —y también como la oscuridad se dispersa cuando brilla la luz— así también la deficiencia se desvanece cuando aparece la perfección. Así desde aquel momento en adelante ya no hay más esquema, sino que desaparece en la fusión de la unidad. Porque ahora sus participaciones se igualan, en el instante en que la fusión perfecciona a los espacios** (Tom 61b).

19. **Cada uno se recibirá a sí mismo en la unificación y se purificará desde la multiplicidad a la unidad en el conocimiento —consumiendo la materia dentro de sí como una llama, la oscuridad con la luz y la muerte con la vida—. Ya que estas cosas así nos han acontecido a cada uno de nosotros, es apropiado que pensemos en la totalidad para que la casa sea sagrada y silenciosa para la unidad** (Sal 46:10, Zac 2:13).

20. **Es semejante a algunos que mueven jarras de sus sitios apropiados a sitios inseguros, donde se quiebran. Sin embargo, el dueño de la casa no sufrió ninguna pérdida, sino que se regocijó, porque esas jarras**

defectuosas se reemplazaron por estas que son totalmente perfectas. Éste es el juicio que ha venido de arriba, como una espada de doble filo desenvainada para cortar en este y ese lado, cuando cada uno sea juzgado (Ap 1:16).

21. Vino al medio el Significado, el cual existe dentro del corazón de quienes lo expresan. Esto no fue un mero sonido, sino que se hizo un cuerpo.[1] Una gran perturbación sucedió entre las jarras —pues he aquí se vaciaron unas, se llenaron otras, se suministraron unas, se volcaron otras, se limpiaron unas, se quebraron otras—. Todos los espacios temblaron y se agitaron, sin tener ni orden ni estabilidad. La confusión estaba angustiada por no discernir qué hacer —apenada y lamentando y cortando el cabello[2] por no entender nada ([1]antignóstico; [2]Lev 19:27 y Núm 6:5).

22. Entonces cuando el conocimiento se acercó con todas sus emanaciones, esto fue el aniquilamiento de la confusión, la cual se vació en la nada. La verdad vino al medio, y todas sus emanaciones conocieron y abrazaron al Padre en verdad y se unieron con él en un poder perfecto. Porque cada uno que ama a la verdad se pega con su lengua a la boca del Padre al recibir la Sagrada Espíritu (Hch 2:1-4). La verdad es la boca del Padre, su lengua es la Sagrada Espíritu junto a él en la verdad. Ésta es la revelación del Padre y su automanifestación a sus eternos. Él ha revelado su secreto, explicándolo todo (Tom Prólogo 108).

23. ¿Pues quién es el existente, aparte del Padre solitario? Todas las dimensiones son sus emanaciones, conocidas

al salir de su corazón, semejante a los hijos de una persona madura que los conoce. Cada uno a quien el Padre engendra no había recibido ni forma° ni nombre previamente. Entonces se formaron por el autoconocimiento de él. Aunque en verdad habían existido dentro de su mente, no habían conocido a él. El Padre sin embargo conoce perfectamente todas las dimensiones, las cuales existen dentro de él.

24. Cuando él lo decide, manifiesta a quienquiera que desea, formándolo y nombrándole. Y al darle nombre, él lo causa para que llegue a ser. Antes de que llegaran a ser, éstos ciertamente no conocían a él que los formó. No obstante, no digo que no son nada los que no han llegado a ser todavía —sino que preexisten dentro de él que intentará que lleguen a ser cuando él lo desee, como una estación venidera (Fel 1). (El Padre) conoce lo que va a producir en adelante, antes de que cualquiera se manifieste. Pero el fruto que todavía no se ha manifestado ni conoce ni logra nada. Así todas las dimensiones mismas existen dentro del Padre que existe, del cual salen y que las estableció de la nada para sí mismo (Tom 19).

25. Quien carece de raíz también carece de fruto. Pero a pesar de eso, (la persona) piensa en sí misma: «He llegado a ser, por eso falleceré —porque todo lo que (antes) no existía (todavía, después ya) no existirá»—.[1] Por eso, ¿cómo desea el Padre que tal persona piense con respecto a sí misma: «¡He sido como las sombras y los fantasmas de la noche!»? Cuando brilla el alba sobre esta persona, averigua que el terror que

la había agarrado no era nada. Así no conocían al Padre, porque no lo vieron. En consecuencia, sucedieron terror y confusión y debilidad y duda y división, con muchas decepciones y ficciones vacías actuando a través de éstos ([1]Sab 2:2, «Nacimos por mera casualidad y en adelante estaremos como si nunca hubiéramos estado»; Víctor Hugo, *Los miserables*: «¿Existía yo antes de mi nacimiento? No. ¿Existiré después de mi muerte? No»).

26. **Era como si se hundiesen dormidos y se encontraran a sí mismos en sueños turbados —o huyendo hacia alguna parte, o impotentemente persiguiendo a otros, o dando golpes en peleas, o sufriendo golpes ellos mismos, o cayendo de un lugar alto, o volando por el aire sin alas—. A veces aun parece como si se asesinaran aunque nadie los persigue, o como si ellos mismos estuvieran asesinando a sus vecinos ya que están manchados con su sangre** (James Joyce, *Ulises*: «La historia... es una pesadilla de la cual estoy procurando despertarme»).

27. **Entonces viene el momento cuando despiertan los que han padecido todo esto, no viendo ya todas aquellas penas —porque no son nada** (Tom 2). **Tal es la vía de quienes han desechado la ignorancia como el dormimiento y piensan que no es nada, ni consideran sus acontecimientos diversos como verdaderos, sino que lo dejan atrás como un sueño de la noche. ¡Conocer al Padre trae el alba! Así ha hecho cada uno, durmiendo durante el tiempo en que no (lo) conocía. Y así, de este modo despierto, viene al conocimiento** (Isa 29:7-8).

28. ¡Qué bueno para la persona que vuelve en sí misma y despierta, y bendito es aquel cuyos ojos ciegos han sido abiertos! Y la Espíritu corrió tras él, resucitándolo rápidamente. Extendiendo su mano a quien estaba postrado en el suelo, ella lo alzó para ponerlo de pie a quien todavía no se había levantado. Pues el conocimiento que da entendimiento es por medio del Padre y la revelación de su Hijo. Una vez que lo han visto y oído, les otorga catar y oler y tocar al amado Hijo (los cinco sentidos: antignóstico!; Tom 19).

29. Cuando apareció, hablándoles del incomprensible Padre, él sopló hacia dentro de ellos[1] lo que está en el pensamiento de realizar su voluntad. Muchos recibieron la luz y volvieron a él. Pero los materialistas estaban ajenos y no vieron su semejanza ni lo conocieron, aunque él salió en forma encarnada.[2] Nada obstruye su curso —porque la inmortalidad es indomable—. Además él proclamó de antemano lo que era nuevo, expresando lo que existe dentro del corazón del Padre y sacando adelante el Significado sin defecto ([1]véase ΕΜΦΥΣΑΩ en Jn 20:22 y también Gén 2:7; Las Odas de San Salomón 18:19 —«El Altísimo sopló hacia dentro de ellos»; [2]antignóstico, Jn 1:14).

30. La luz habló por su boca y su voz parió a la vida.[1] Él les dio el pensamiento de sabiduría, de misericordia, de salvación, de la Espíritu de poder, desde la infinidad y la bondad del Padre. Él abolió castigo y tormento,[2] porque éstos fueron la causa de que unos con necesidad de misericordia se extraviaran de su rostro

en confusión y esclavitud. Y con poder él los perdonó y los humilló en conocimiento ([1]II-Sam 23:2; [2]Lc 23:34, Jn 8:2-11!).

31. **Él llegó a ser sendero para los desviados, conocimiento para los ignorantes, descubrimiento para los buscadores, estabilidad para los vacilantes, y pureza inmaculada para los contaminados.**

32. **Él es el pastor que dejó atrás las 99 ovejas no perdidas, para buscar a la que se había desviado. Y se regocijó cuando la encontró. Ya que 99 es un número que se calcula° con la (mano) izquierda, la cual lo enumera. Pero cuando se añade 1, la suma entera pasa a la (mano) derecha. Así acontece con aquel a quien le falta el Uno, el cual es la mano derecha entera —él toma de la izquierda lo que es deficiente para transferirlo a la derecha, y así el número llega a ser 100—. Pues el significado de estas palabras es el Padre** (Mt 18:12-13, Tom 107).

33. **Incluso en el shabat°, él trabajó en favor de la oveja que encontró caída en el hoyo. Él devolvió la oveja a la vida, alzándola del hoyo, para que vosotros Hijos del entendimiento del corazón discernáis este shabat en que la obra de la salvación nunca debe cesar, y para que habléis desde este día que existe arriba, que no tiene noche, y desde la luz perfecta que nunca tiene ocaso** (Mt 12:11, Tom 27 34, Fel 142).

34. **Hablad, por eso, desde vuestros corazones, porque sois este día perfecto y dentro de vosotros mora esta luz constante. Hablad de la verdad con quienes la buscan y del conocimiento a aquellos que por confusión**

han transgredido. Sostened a quienes tropiezan, extended vuestra mano a los enfermos, alimentad a los hambrientos, dad reposo a los cansados, alzad a quienes anhelan levantarse, despertad a los dormidos —¡pues vosotros sois la sabiduría que rescata! (Mt 25:31-46).

35. Así la fuerza crece en acción. Atendeos a vosotros mismos —no os preocupéis por esas otras cosas, las cuales ya habéis echado fuera de vosotros mismos—. No regreséis a lo que ya habéis vomitado, no seáis comidos por polillas, no seáis comidos por gusanos —pues ya habéis echado eso fuera—. No os hagáis un lugar para el diablo, pues ya lo habéis eliminado. No reforcéis esas cosas que os causaban tropezar y caer. ¡Así es la rectitud!

36. Pues quien viola a la Torah se hace daño a sí mismo más que el juicio lo daña. Porque realiza sus obras ilícitamente, mientras el justo efectúa sus obras para el bien de otros. Haced por eso la voluntad del Padre, porque sois de él. Pues el Padre es bondadoso y las cosas son buenas por su voluntad. Él ha tenido en cuenta lo vuestro, para que tengáis reposo con respecto a tales cosas —pues en su fructificación se reconoce a quienes les pertenecen (Jn 16:28, Lc 6:43-44).

37. Los Hijos del Padre son su fragancia, pues proceden de la gracia de su rostro. Por eso el Padre ama su fragancia y la manifiesta por todas partes. Y mezclándola con la materia,[1] él confiere su fragancia a la luz y en su reposo la exalta más allá de cualquier semejanza y cualquier sonido. Pues no son los oídos los que aspiran

la fragancia, sino que la respiración[2] tiene el sentido de oler y la aspira a sí misma —y así alguien se bautiza en la fragancia del Padre ([1]antignóstico!; [2]espíritu; Fel 118).

38. De esta manera él trae su fragancia original al puerto, aspirándola que se había enfriado, al lugar de donde había salido. Era algo que, en forma psíquica, se había convertido como agua fría penetrando en suelo suelto, de tal forma que quienes lo ven lo consideran lodo. Entonces, cuando sopla una brisa cálida y fragante, se evapora de nuevo. Así la frialdad resulta de la separación (Tom 11, Fel 86). Por esto vino el Fiel —para abolir la división y traer la cálida plenitud del amor, para que el frío no volviera, sino que hubiera la unificación del pensamiento perfecto—. Esto es el significado del evangelio del descubrimiento de la plenitud, para quienes esperan la salvación que viene de las alturas. Prolongada es la esperanza de los que están anticipando —cuya semejanza es la luz que no contiene sombra— en aquel momento cuando la plenitud viene por fin (II-Ped 3:3-13, Fel 85 112).

39. La deficiencia de la materia no se originó por la infinitud del Padre, que vino en el tiempo de insuficiencia —aunque nadie podía predecir que el indestructible llegaría en esta manera—. Pero la profundidad del Padre abundó y el pensamiento de la confusión no quedó con él. Es un tema para caerse uno postrado, es un tema reposado —ser puesto vertical uno en los pies, en ser encontrado por éste que vino para traerlo de vuelta—. Pues el retorno es llamado: ¡Metanoia°! (Mc 1:4+15, Vrd 28).

40. **Por eso sopló el imperecedero —para rastrear al transgresor, para que pudiera tener reposo—. Pues perdonar es quedarse atrás con la luz, el Significado de la plenitud, dentro de la deficiencia. Así el médico se da prisa para ir al lugar donde hay enfermedad, porque éste es el deseo de su corazón.[1] Pero quien tiene una falta no puede esconderla de quien posee lo que necesita. Así la plenitud, que no tiene ninguna deficiencia, llena la falta de nuevo** ([1]el *Diatesaron* [150 d. de C.]: «Donde hay sufrimiento, dice [Cristo], hacia allí se apura el médico»).

41. **(El Padre) regaló de sí mismo para llenar de nuevo a quienquiera que falta, a fin de que así recibiera la gracia. No tenía gracia en el tiempo de su deficiencia. Así donde se ausenta la gracia, hay inferioridad. En el tiempo en que recibió esta pequeñez que faltaba,[1] (entonces el Padre) le reveló una plenitud, la cual es este descubrimiento de la luz de la verdad que le alboreó en inmutabilidad. Por eso se invocó a Cristo entre ellos —para que recibieran su propio regreso—. Él unge a los turbados con el crisma** (Tom 2). **El ungimiento es la compasión del Padre, que tendrá misericordia a ellos. Pues quienes él ha ungido son los perfeccionados[2]** ([1]Mt 18:4, Tom 21, 22, 46, Vrd 8; [2]Mt 5:48, Fel 28).

42. **Porque las jarras que están llenas son las que se lacran°. Ya cuando se destruye su lacre, una jarra se va vaciando. Y la ausencia de su lacre es la causa de su vaciamiento. Pues entonces, algo en la dinámica del aire lo evapora. Pero no se derrama nada de aquella**

de la cual ningún lacre ha sido quitado, ni sale nada, sino que el Padre perfecto llena de nuevo lo que falta.

43. **Él es bueno. Conoce sus plantitas, porque él es quien las sembró en su paraíso. Pues su paraíso es su dominio de reposo. Ésta es la perfección en el pensamiento del Padre, y éstos son los significados° de su meditación. Cada uno de sus significados es el producto de su voluntad unitaria, en la revelación de su Significado. Mientras quedaban todavía en las profundidades del pensamiento de él, el Significado fue el primero que salió. Además él los reveló de una mente que expresa al Significado único en la gracia silenciosa llamada pensamiento, puesto que ellos existían allí dentro antes de ser manifiestos. Así sucedió que (el Significado) fue el primero que salió, al tiempo en que agradó la voluntad de aquel que lo intentó** (Jn 1:1).

44. **Pues la voluntad del Padre es lo que reposa dentro de su corazón y le agrada. Nada existe sin él, ni sucede nada sin la voluntad del Padre** (Sal 139:16, Pro 20:24, Jn 5:19). **Pero su voluntad es insondable** (Isa 40:13). **Su voluntad es su sello y nadie puede determinarla ni anticiparla para controlarla. Pero cuando él ordene, lo que ordena así existe —aunque percibirlo no les guste—. No son nada frente al rostro de Dios y la voluntad del Padre. Porque él conoce el principio y el final de todos —al fin, los interrogará cara a cara—. Pero el fin es recibir el conocimiento a este que se escondía.[1] Pues éste es el Padre —este de quien surgió el origen, este a quien volverán todos los que surgieron de él** (Tom 77). **Pero han sido manifestados para**

la gloria y la alegría del Nombre de él (Sal 11:7 17:15; [1]Clemente de Alejandría, *Stromata* V.6: «Habiendo sido convertido en Hijo y Amigo, [el discípulo] entonces se rellena con contemplación insaciable cara a cara»).

45. **Pues el Nombre del Padre es el Hijo. (El Padre) primeramente le dio nombre a quien salió de él y es él mismo. Y él lo engendró como un Hijo. Él le confirió su propio Nombre. Es el Padre que, de su corazón, posee todas las cosas. Él tiene el Nombre, él tiene al Hijo que se puede ver. Pero su Nombre es trascendente —porque es el único misterio del invisible, que viene por él a oídos enteramente llenos de sí** (Mt 1:21, Lc 1:31, Jn 17:6-26!, Fel 11!).

46. **Pues en verdad el Nombre del Padre no se pronuncia, sino que se manifiesta como un Hijo** (Jn 17:6). **En consecuencia, ¡grandioso es el Nombre! ¿Quién por eso podría proclamar un nombre para él, el Nombre supremo, excepto solamente aquel cuyo Nombre éste es? —junto con los Hijos del Nombre, aquellos dentro de cuyo corazón reposa el Nombre del Padre y quienes igualmente tienen reposo en su Nombre—. En que el Padre es inmutable, es solo él que lo engendró como su propio Nombre, antes de que formara a los eternos, para que el Nombre del Padre fuese Amo sobre sus cabezas —éste quien es verdaderamente el Nombre, seguro en su mandato del poder perfecto** (Éx 3:14, Tom 13).

47. **El Nombre no es mera palabrería, ni es mera terminología, sino que es trascendente. Él solo le nombró, él solo viéndolo, él solo teniendo el poder de regalarle**

nombre. Quien no existe no tiene nombre —¿pues qué nombres se dan a las nadas?—. Pero este existente existe junto con su Nombre. Y sólo el Padre lo conoce y él solo le da nombre.

48. El Hijo es su Nombre. Él no lo mantuvo escondido como un secreto —sino que el Hijo vino a ser y (el Padre) solo le nombró—. Así el Nombre pertenece al Padre, tal que el Nombre del Padre es el Hijo. ¿De qué otra manera podría la compasión encontrar nombre, excepto por medio del Padre? Pues al fin y al cabo, cualquier fulano le dirá a su compañero: «¿Quién podría dar nombre a alguien que existía antes de él? —¡como si los niños no reciben sus nombres de quienes los parieron!».

49. Así primeramente es apropiado que pensemos en este tema: ¿Qué es el Nombre? Verdaderamente, (el Hijo) es el Nombre —así también él es el Nombre que viene del Padre—. Él es el existente Nombre del Amo. Así él no recibió el Nombre en préstamo tal como los otros, según el diseño de cada individuo que será creado en su corazón. Porque él es el Nombre Señorial. No hay ningún otro a quien se lo confirió, sino que el (Padre) era innombrable y (el Nombre) era inefable, hasta el tiempo en que aquel que es perfecto lo expresó solamente al (Hijo). Y es (el Hijo) que tiene el poder de expresar su Nombre y de verlo. Así le agradó (al Padre) en su corazón que su querido Nombre fuera su Hijo, y le dio el Nombre —a este que salió de la profundidad.

50. **(El Hijo) expresó su secreto, sabiendo que el Padre es benévolo. Precisamente por esto, (el Padre) adelantó a éste —para que pudiera hablar del dominio y de su lugar reposado de donde él vino y para rendir gloria a la plenitud, la majestad de su Nombre y la bondad del Padre—. Él hablará sobre el dominio del cual cada uno vino —y cada uno que salió de aquel lugar rápido volverá allí de nuevo para compartir en recibir la sustancia de él en el lugar donde él estaba de pie,[1] recibiendo el sabor de aquel lugar, recibiendo alimento y crecimiento—. Y su plenitud es el propio dominio de su reposo** ([1]Tom 28).

51. **Así todas las emanaciones del Padre son plenitudes, y la fuente de todas sus emanaciones existe dentro de su corazón, desde el cual todas ellas florecen. Él les confirió sus destinos** (Sal 139:16, Pro 20:24, Jn 5:19!). **Así se manifiesta cada uno, tal como por su propia meditación [vuelven] al lugar al cual dirigen su pensamiento. Ese lugar es su fuente, la cual los alza por todas las alturas del cielo hacia el Padre. Alcanzan hasta su cabeza, que se hace el reposo de ellos. Y son abrazados al acercarse, al punto que dicen que han compartido de su rostro en abrazos. Sin embargo, no se manifiestan así por exaltarse a sí mismos. Ellos ni carecen de la gloria del Padre, ni piensan que él sea trivial, ni amargo, ni enojado. Sino que él es benévolo, imperturbable y bondadoso —conociendo a todas las dimensiones antes de que entren en la existencia, y sin necesidad de edificación.**

52. **Ésta es la forma de quienes pertenecen a las alturas, por la grandeza del inmensurable, mientras esperan al Único y Perfecto que se hace a sí mismo allí para ellos. Y no descienden al domicilio de los muertos°. No tienen ni envidias, ni lamentación, ni mortalidad allí entre ellos, sino que tienen reposo dentro de él que es reposado. No son ni turbados, ni embusteros con respecto a la verdad, sino que ellos mismos son la verdad. El Padre existe dentro de ellos y ellos existen dentro del Padre —perfeccionados y hechos indivisibles en lo verdaderamente bueno, no inadecuados en nada, sino recibiendo el reposo y refrescados en la Espíritu—. Y obedecerán a su fuente en ocio, estos dentro de los cuales se encuentra la raíz de él y quienes no dañan a ningún alma. ¡Éste es el lugar de los benditos, éste es su lugar!** (Jn 17:21-23, Fel 102).

53. **Por lo tanto, que los demás comprendan en sus lugares que no es apropiado para mí, habiendo estado en el dominio del reposo, decir nada adicional. Pero es dentro de su corazón donde me quedaré —siempre devoto al Padre de la totalidad, junto con esos Hermanos verdaderos sobre quienes se derrama el amor del Padre y entre quienes no hay carencia de él—. Éstos son los verdaderamente manifiestos, existentes en la vida verdadera y eterna y hablando de la luz perfecta que se llena con la simiente del Padre, y quienes existen dentro de su corazón y en la plenitud y en quienes se regocija su Espíritu, glorificándole dentro de quien existen. Él es bueno y sus Hijos son**

perfectos y dignos de su Nombre. Porque son niños de esta clase, que él, el Padre, desea.

NOTAS A LA VERDAD

La traducción del Evangelio de la Verdad es concordante con las de Tomás y Felipe, y por eso las palabras que se tratan en sus notas no son duplicadas aquí. En la Red están (**1**) el texto copto: www.metalog.org/files/truth.html; (**2**) el comentario textual detallado de Kendrick Grobel (Biblio. 11): www.metalog.org/files/grobel1.html; y (**3**) otro texto extraordinario de Nag Hammadi, que podría ser también de Valentín: www.metalog.org/files/supremacy.html.

Calcular (32): esto se refiere a la técnica antigua de contar con los dedos, por medio de la cual los números 1→99 se contaban con la mano izquierda, pero desde el 100 en adelante con la mano derecha; el propio número 100 se formaba al tocar la coyuntura superior del dedo pulgar con la punta del dedo índice derecho (los hindúes llaman a tal postura simbólica de la mano una «mudra»).

Conocer (1): véase Conocimiento en «Notas a Tomás»; Os 6:6, Mt 5:8.

Emanación (14, 22, 23, 51): cop ϯH (C392); Tom 77; Grobel (Biblio. 11) muestra muy convincentemente que este término es análogo al concepto neoplatónico de irradiación divina, en el cual se comparan todas las criaturas con los rayos del sol —que emanan así del único Dios—; Plotino, *Enéadas* V.3.12: «La analogía de luz desde un sol —el orden intelectual entero se puede concebir como un tipo de luz, con el Uno en reposo en su cima como su Rey»—; A. C. Bhaktivedanta Swami Prabhupada, *Más allá de la ilusión y la duda* (1999): «En el *Bhagavad-gita*, Krishna dice, *aham sarvasya prabhavah*: «Todo está emanando de mí». Cristo dice que él es el hijo de Dios y esto significa que él emana de Dios».

Esquema (18): gr ΣΧΗΜΑ; forma, diseño, apariencia, en contraste con la realidad sustancial.

Eternos (15): véase Época en «Notas a Felipe»; todos los seres considerados como eternos, relativo a la mente transdimensional de Dios (Lc 20:38, Jn 6:54, «Ángel, imagen y símbolo»).

Forma (23, 29, 38, 52): latín *FORMA*; es una idiosincrasia importante tanto de este texto como de la Supremacía, que el término latín se utiliza, en lugar del gr ΜΟΡΦΗ (www.metalog.org/files/supremacy.txt).

Lacre (42): cop ⲦⲂ̄ⲂⲈ (C398b); un pegamento como la resina, usado para poner la tapa sobre una jarra/ánfora para cerrarla bien (quizás condujo a la tradición de condimentar el vino griego con resina).

Medio (8): cop ⲘⲎⲦⲈ (C190b: entre, en transición —así este mundo transitorio—); véanse Transición en «Notas a Felipe» y en Vrd 3.

Metanoia (39): véase Mentalidad en «Notas a Tomás».

Muertos, Domicilio de los (52): cop ⲉⲙⲛⲧⲉ (C056a→ C008b: «oeste», como la entrada a lo subterráneo) = heb שאול (*sheol*: 'ruego') = gr ΑΔΗΣ (*hades*: «no-visto»).

Rostro, Forma del (8, 17): cop ⲙⲟⲩⲛⲅ ⲛ̄.ϩⲟ (C175a C646b: forma de cara); Gén 32:30, 33:10, Tom 76; aquí la idea parece similar a la expresada en esas extraordinarias pinturas religiosas hindúes, que muestran a todos los humanos y criaturas como manifestaciones innumerables de una divinidad trascendental (el Brahman) —esta metafísica se encuentra en los *Upanishads* y el *Bhagavad Gita*; véase Emanación.

Shabat (33): véase Sábado en «Notas a Tomás».

Significados (43): gr ΛΟΓΟΙ, el plural de ΛΟΓΟΣ (véase Significado en «Notas a Tomás»), indicando que cada Hijo de Dios es un Logos divino al igual que el Salvador mismo (véase Lc 6:40 junto con Jn 1:1 y Tom 108, también Fel 133, donde ¡se cita a Juan Bautista como Logos!).

COMENTARIO

El *I ching*, hexagrama 50 (La vasija ritual): Lo verdaderamente divino no se manifiesta por sí mismo separado de la humanidad. La revelación suprema de Dios aparece en los profetas y en los individuos santos. Venerarlos es venerar verdaderamente a Dios. La voluntad de Dios, tal y como se revela por medio de ellos, debe ser aceptada con humildad; esto conlleva iluminación interior y verdadera comprensión del mundo y conduce a una gran bendición y éxito (según la traducción de Richard Wilhelm).

¿Son gnósticos los evangelios coptos?

«La inclinación de los sofistas hacia los desvíos apócrifos es una cantidad constante».
— James Joyce, *Ulises*

Desde el anuncio inicial del descubrimiento de Nag Hammadi y hasta la actualidad, la biblioteca entera ha sido habitualmente calificada de «gnóstica», lo mismo en la literatura erudita que en la prensa popular.[1] Para empezar, la Biblioteca de Nag Hammadi *entera* fue llamada así en el prefacio a las primeras ediciones bilingües de Tomás (1959; Biblio. 7) —clasificación que fue entonces aceptada por virtualmente todos los que leyeron el texto—. Así, representativo de casi todas las publicaciones ulteriores fue el informe de Robert M. Grant y David Noel Freedman, *Los dichos secretos de Jesús* (1960): «[Con respecto al] evangelio de Tomás, [Jean] Doresse hojeó este evangelio en la primavera de 1949 y después anunció que era «una composición gnóstica»... El evangelio de Felipe no contiene nada más que especulaciones gnósticas». No tardó mucho en aparecer una opinión más sabia, al menos sobre Tomás, de la autoridad destacada Gilles Quispel, en la reunión centenaria de la Sociedad de Literatura Bíblica en 1964: «El evangelio

1. Las citas en «Comentarios eruditos recientes», en la Introducción, no son más que excepciones notables —que el estudiante podrá encontrar sólo por medio de una revista extensa de la literatura más académica—. Más típicos son los títulos perjudiciales del éxito de librería *Los evangelios gnósticos* de Elaine Pagels (1979); la serie erudita entera de E. J. Brill, *Nag Hammadi Studies: The Coptic Gnostic Library* y *The Coptic Gnostic Library: A Complete Edition of the Nag Hammadi Codices*, editor general James M. Robinson (2006) —para estos últimos un título más apropiado, sin duda, sería *The Coptic Monastic Library etcétera*.

de Tomás... no es de ninguna manera gnóstico. Los partidarios de la interpretación gnóstica... tendrían que explicar como el autor podría decir que el cadáver enterrado puede levantarse de nuevo (logion 5 en la versión griega)». Sin embargo, desafortunadamente, el punto en apariencia irrefutable de Quispel fue muy pronto eclipsado por una oleada de fascinación, lo mismo en las publicaciones académicas que en los medios de comunicación, con las seducciones aparentemente más exóticas del gnosticismo.

Aunque haya de hecho escritos gnósticos entre las varias docenas de títulos encontrados tan significantemente cerca del yacimiento del monasterio arquetípico de San Pacomio, se puede demostrar claramente que los tres evangelios coptos de esa colección no son gnósticos en su contenido. Esto se puede hacer muy fácilmente por un silogismo elemental; el resto del presente trabajo consistirá, pues, en probar las dos premisas, de las cuales la conclusión se sigue como demostrada.[2]

1. **Ningún texto que afirma la realidad y santidad de la vida encarnada se puede etiquetar correctamente como «gnóstico».**
2. **Los evangelios coptos de Tomás, Felipe y la Verdad (al igual que el Antiguo Testamento entero, los evangelios del Nuevo Testamento y los Hechos de los Apóstoles) aseveran explícitamente la realidad sagrada de la vida encarnada. Por eso,**
3. **No son escritos gnósticos. QED**

2. O, en la forma de una inferencia modal: 1. $(x)(\Phi x \rightarrow \sim\Psi x)$; 2. $\sim\Psi$,b,c; *Ergo* 3. $\sim\Psi$a,b,c. [$\rightarrow$ = vinculación lógica; $\sim$ = negación; Φx = x afirma la santidad de la realidad encarnada; Ψx = x es gnóstico; a,b,c = los tres evangelios coptos].

Prueba de la premisa primera:

«Gnosticismo», *Enciclopedia británica*, edición CD-ROM 2002: «En la opinión gnóstica, el yo inconsciente del humano es consustancial con el Dios Supremo; pero a causa de una caída trágica, ese yo se echa en un mundo totalmente ajeno a su ser verdadero. Por una revelación desde arriba, el humano se entera de su origen, esencia y destino trascendental. La revelación gnóstica hay que distinguirla... de la revelación cristiana, en que no se radica en la historia ni se transmite por la sagrada escritura. Al contrario, es la intuición del misterio del yo. El mundo, producido de la materia maligna y poseído por demonios malos, no puede ser la creación de un Dios bueno; se considera por la mayor parte como una ilusión o un aborto».

Prueba de la premisa segunda:

– **Tomás** 5 (griego): «nada que ha sido enterrado, no se levantará» (τεθαμμενον ο ουκ εγερθησεται).
– Tom 12: «para el bien de que han llegado a ser el cielo y la tierra» (ⲠⲀⲈⲒ ⲚⲦⲀ.Ⲧ.ⲠⲈ ⲘⲚ Ⲡ.ⲔⲀϨ ϢⲰⲠⲈ ⲈⲦⲂⲎⲦ.ϥ).
– Tom 22a: «el interior como el exterior y el exterior como el interior» (Ⲡ.ⲤⲀ Ⲛ.ϨⲞⲨⲚ Ⲛ.ⲐⲈ Ⲙ.Ⲡ.ⲤⲀ Ⲛ.ⲂⲞⲖ ⲀⲨⲰ Ⲡ.ⲤⲀ Ⲛ.ⲂⲞⲖ Ⲛ.ⲐⲈ Ⲙ.Ⲡ.ⲤⲀ Ⲛ.ϨⲞⲨⲚ).
– Tom 22b: «una mano en el lugar de una mano y un pie en el lugar de un pie» (ⲞⲨ.ϬⲒⲜ Ⲉ.Ⲡ.ⲘⲀ Ⲛ .Ⲛ.ⲞⲨ.ϬⲒⲜ ⲀⲨⲰ ⲞⲨ.ⲈⲢⲎⲦⲈ Ⲉ.Ⲡ.ⲘⲀ Ⲛ.ⲞⲨ.ⲈⲢⲎⲦⲈ).
– Tom 28: «encarnado me manifestaba a ellos» (Ⲁ.ⲈⲒ.ⲞⲨⲞⲚϨ ⲈⲂⲞⲖ ⲚⲀ.Ⲩ ϨⲚ.ⲤⲀⲢⲜ).

– Tom 29: «la carne ha llegado a ser por lo espiritual» (ⲚⲦⲀ.Ⲧ.ⲤⲀⲢⲜ ϢⲰⲠⲈ ⲈⲦⲂⲈ ⲠⲚⲀ).
– Tom 55: «la cruz de él» (ⲠⲈϤ.ⲤⲢⲞⲤ).
– Tom 113: «la soberanía del Padre se extiende sobre la tierra» (Ⲧ.ⲘⲚⲦ.ⲈⲢⲞ Ⲙ.Ⲡ.ⲈⲒⲰⲦ Ⲉ.Ⲥ.ⲠⲞⲢϢ ⲈⲂⲞⲖ ϨⲒϪⲘ.Ⲡ.ⲔⲀϨ).
– **Felipe** 25: «es necesario levantarse en esta carne» (ϨⲀⲠⲤ ⲠⲈ Ⲉ.ⲦⲰⲞⲨⲚ ϨⲚ ⲦⲈⲈⲒ.ⲤⲀⲢⲜ).
– Fel 72: «el poder de la cruz» (Ⲧ.ⲆⲨⲚⲀⲘⲒⲤ Ⲙ.Ⲡ.ⲤⲢⲞⲤ).
– Fel 77: «en la cruz» (ϨⲒ Ⲡ.ⲤⲢⲞⲤ).
– Fel 78: «el Amo se levantó de entre los muertos...; es encarnado» (Ⲁ.Ⲡ.ϪⲞⲈⲒⲤ ⲦⲰⲞⲨⲚ ⲈⲂⲞⲖ ϨⲚ ⲚⲈⲦ.ⲘⲞⲞⲨⲦ... ⲞⲨⲚⲦⲀ.Ϥ ⲘⲘⲀⲨ Ⲛ.ⲤⲀⲢⲜ).
– Fel 89: «su cuerpo entró en la existencia en aquel día» (ⲠⲈϤ.ⲤⲰⲘⲀ ⲚⲦⲀ.Ϥ.ϢⲰⲠⲈ Ⲙ.ⲫⲞⲞⲨ ⲈⲦ.ⲘⲘⲀⲨ).
– Fel 107: «el agua viviente es un cuerpo» (Ⲡ.ⲘⲞⲞⲨ ⲈⲦ.ⲞⲚϨ ⲞⲨ.ⲤⲰⲘⲀ ⲠⲈ).
– Fel 114: «la persona santa es enteramente sagrada, incluso su cuerpo» (Ⲡ.ⲢⲰⲘⲈ ⲈⲦ.ⲞⲨⲀⲀⲂ Ϥ.ⲞⲨⲀⲀⲂ ⲦⲎⲢ.Ϥ ϢⲀ ϨⲢⲀⲒ Ⲉ.ⲠⲈϤ.ⲤⲰⲘⲀ).
– Fel 132: «Abraham... circuncidó la carne del prepucio» (ⲀⲂⲢⲀϨⲀⲘ... Ⲁ.Ϥ.ⲤⲂⲂⲈ Ⲛ.Ⲧ.ⲤⲀⲢⲜ Ⲛ.Ⲧ.ⲀⲔⲢⲞⲂⲨⲤⲦⲒⲀ).
– Fel 137: «bajo las alas de la cruz y en sus brazos» (ϨⲀ Ⲛ.ⲦⲚϨ Ⲙ.Ⲡ.ⲤⲢⲞⲤ ⲀⲨⲰ ϨⲀ ⲚⲈϤ.ϬⲂⲞⲈⲒ).
– **Verdad** 6+10: «él fue clavado a una viga» (Ⲁ.Ⲩ.ⲀϤⲦ.Ϥ Ⲁ.Ⲩ.ϢⲈ).
– Vrd 8: «fue designado para él que lo tomaría y sería matado» (Ⲉ.Ⲥ.ⲔⲎ Ⲙ.ⲠⲈⲦ.ⲚⲀ.ϤⲒⲦ.Ϥ Ⲛ.ⲤⲈ.ϨⲖϨⲰⲖ.Ϥ).

– Vrd 9: «Yeshúa... sabía que su muerte es vida para muchos» (ⲒⲎⲤ... ϥ.ⲤⲀⲨⲚⲈ ϪⲈ ⲠⲒ.ⲘⲞⲨ Ⲛ̄ⲦⲞⲞⲦ.ϥ̄ ⲞⲨ.ⲰⲚϨ̄ Ⲛ̄.ϨⲀϨ ⲠⲈ).
– Vrd 16: «su amor lo encarnó [al Logos]» (ϯ.ⲀⲄⲀⲠⲎ Ⲛ̄ .ⲦⲞⲞⲦ.ϥ̄ Ⲁ.Ⲥ.Ⲣ̄ ⲞⲨ.ⲤⲰⲘⲀ ϨⲒⲰⲰ.ϥ).
– Vrd 21: «el Logos... se hizo un cuerpo» (ⲠⲒ.ϢⲈϪⲈ... Ⲁ.ϥ.Ⲣ̄ ⲞⲨ.ⲤⲰⲘⲀ).
– Vrd 29: «él salió en forma encarnada» (Ⲛ̄ⲦⲀ.ϥ.ⲈⲒ ⲀⲂⲀⲖ ϨⲒ.ⲦⲞⲞⲦ.Ⲥ̄ Ⲛ̣ⲞⲨ.ⲤⲀⲢⲜ̄ Ⲛ̄.ⲤⲘⲀⲦ).
– Vrd 30: «la luz habló por su boca» (Ⲉ.Ⲁ.ϥ.ϢⲈϪⲈ ⲀⲂⲀⲖ ϨⲚ̄ ⲢⲰ.ϥ Ⲛ̄ϬⲒ Ⲡ.ⲞⲨⲀⲈⲒⲚ).
– Vrd 37: «el Padre ama su fragancia y... la mezcla con la materia» (Ⲡ.ⲒⲰⲦ ⲘⲀⲒⲈ Ⲙ̄.ⲠⲈϥ.ⲤⲦⲀⲈⲒ ⲀⲨⲰ... Ⲉ.ϥ.ϢⲀ.ⲦⲰϨ ⲘⲚ̄ ϯ.ϨⲨⲖⲎ).

Sostener que todos esos pasajes fueron metidos en documentos por lo demás gnósticos lo único que haría sería desviarnos de la cuestión; omitir de la consideración todos y solamente pasajes contrarios per se constituye el error lógico llamado *petitio principii*. Es más, tendríamos entonces que preguntarnos por qué los demás logia de estos tres evangelios deben ser considerados gnósticos en principio, puesto que la realidad encarnada allí no se niega.

Conclusión: se sigue que los Evangelios de Tomás, Felipe y la Verdad no son ni composiciones ni compilaciones gnósticas.

De acuerdo que es extraordinario que casi una generación entera de estudiosos hubieran errado sobre algo tan elemental y tan esencial como esto. Bien, había una variedad amplia de escrituras y movimientos gnósticos en la antigüedad, a menudo influidos por la desconfianza platónica de los sentidos; y en verdad ha habido muchas sectas gnóstico-teosóficas junto con sus escritos en los tiempos modernos, sin duda más influidas por las tradiciones religiosas del Oriente que por Platón. Pero esto no guarda relación con los tres evangelios coptos, los cuales —igual que los cuatro evangelios canónicos— no se pueden considerar documentos gnósticos.[3]

3. Para un «evangelio» copto recién descubierto (hallado en la década de los setenta cerca de El Minya en Egipto), el cual por contraste ciertamente es gnóstico además de anónimo, véase el Evangelio de Judas Iscariotes. Ese documento contiene palabrería gnóstica típica como: «El primero es Set quien es llamado Cristo, el segundo es Harmathoth quien es [...], el tercero es Galila, el cuarto es Yobel, el quinto es Adonaios; éstos son los cinco que reinaban sobre el mundo de abajo y primeramente sobre el caos... Entonces Saklas dijo a sus ángeles: Vamos a crear a un ser humano según la similitud y según la imagen. Formaron a Adán y su esposa Eva —quien es llamada, en la nube, Zoe» (www9.nationalgeographic.com/lostgospel). Véase también April D. DeConick, «Gospel Truth», New York Times Op-Ed, 1.XII.07 (www.metalog.org/files/gosp.judas/DeConick.html).

La Espíritu Materna

«Como aquel a quien consuela su madre,
así os consolaré yo a vosotros»
—Isa 66:13

«El origen del mundo es su Madre;
conoced a la Madre para conocer al hijo,
abrazad al hijo para abrazar a la Madre»
—*Lao Tsu,* Tao teh ching 5

«Soy el Padre y la Madre de este Universo»
—Bhagavad Gita 9.17

«Lo dice el Creador, el Modelador, Madre-Padre de la
vida, del género humano»
—Popul Vuh de los Maya Quiché, *Prólogo*.

En un dicho extraordinario del Evangelio de Tomás, el Salvador declara: «Mi madre parió a mi cuerpo, pero mi Madre verdadera me dio la vida...»[4] (Tom 101; véase Tom 15 46). Este pasaje —la única ocasión registrada en la cual Cristo parece referir a Dios como su Madre[5]— entonces se vislumbra por un dicho igualmente asombroso en el Evangelio de Felipe: «Algunos dicen que Máriam fue preñada por la Sagrada Espíritu. Se engañan, no saben lo que dicen. ¿Cuándo jamás fue mujer preñada por mujer?» (Fel 18). Pues en este último logion, la atención se centra en que

4. ⲧⲁ.ⲙⲁⲁⲩ ⲅⲁⲣ ⲛ̄ⲧⲁ..ⲥ.ⲙⲓⲥⲉ ⲙ̄ⲙⲟ.ⲓ ⲉⲃ.ⲟⲗ .ⲧⲁ.ⲙⲁⲁⲩ. ⲇⲉ ⲙ̄.ⲙⲉ ⲁ.ⲥ.† ⲛⲁ.ⲉⲓ ⲙ̄.ⲡ.ⲱⲛϩ; véase Parir en «Notas a Tomás».

5. Pero véase el Evangelio de los Hebreos: «Dice el Salvador...: mi Madre la Sagrada Espíritu» (citado por Origen, Comentario sobre San Juan ii.12.87), además de la imagen maternal en la parábola de la madre gallina en Mt 23:37, y también las citas de Gilles Quispel y Raymond Brown en «Comentarios Eruditos Recientes».

«espíritu» es un término *femenino* en las lenguas semíticas (heb: רוח [*rúaj*]: aliento, viento, espíritu). Y de hecho este punto fundamental, tradicionalmente oculto en las traducciones bíblicas e ignorado por los comentaristas, se repite como tema principal tanto en Tomás y Felipe como en el Evangelio de la Verdad. Esto claramente tiene implicaciones teológicas de gran alcance.

Es básicamente agramatical que se use una palabra con un género determinado para referirse a un ser de sexo contrario, siempre que haya formas alternativas disponibles o susceptibles de fácil construcción en una lengua dada —así por ejemplo, los términos hebreos/castellanos נביא/profeta y נביאה/profetisa—.[6] Pero además, la propia palabra רוח rara vez se usa en género masculino, como en Éx 10:13: ורוח הקדים נשא את־הארבה, «el viento oriental trajo la langosta», donde el verbo נשא está en *masculino* de la 3ª persona del pasado de *qal*. Así pues, רוח se podría haber usado en masculino para referirse al Espíritu Divino, *si ello se hubiera considerado más apropiado*.

Notemos también el paralelismo sobresaliente, entre Isa 66:13 LXX y Jn 14:16:

Ως ει τινα μητηρ παρακαλεσει ουτως και εγω παρακαλεσω υμας.

Como si de-alguien **madre** aconseja,
así tambien yo aconsejo a-vosotros.

6. No obstante, el género gramatical contrario se puede usar para conseguir determinados efectos cognitivos —así la referencia a una mujer ordenada como «sacerdote» y no como «sacerdotisa», para dar énfasis a una igualdad de papeles eclesiásticos entre ambos sexos. «Los significados metafóricos de las sentencias en que se usan el masculino o el femenino de [los] términos [son] completamente distintos», Pedro José Chamizo Domínguez, *Metáfora y conocimiento*, Universidad de Málaga, 1998.

Καγω ερωτησω τον πατερα και αλλον παρακλητον δωσει υμιν.
Y-yo rogaré al Padre, y otro **consejo** dará a-vosotros.

Esta alusión fuertemente comunica un concepto *maternal* referente al Paráclito —o, mejor dicho, la Paráclita.

Pero, por supuesto, ΠΝΕΥΜΑ en griego es de género neutro y ΠΑΡΑΚΛΗΤΟΣ, masculino, mientras que tanto *SPIRITUS* como *ADVOCATUS* en latín son masculinos. Por lo tanto, comenzando por las versiones más antiguas del AT y el NT en idiomas no semíticos, se perdió la misma idea que Tomás aquí comunica y a la cual Felipe da énfasis. Así, desde la forma neutra ΤΟ ΠΝΕΥΜΑ en lugar de una forma femenina Η ΠΝΕΥΜΗ en griego, pasamos, por ejemplo, a «el espíritu» en lugar de «la espíritu» en castellano, *der Geist* en lugar de *die Geist* en alemán y en inglés *he/him* en lugar de *she/her* refiriendo a la Consejera (heb מ־נחם, *me-najem*: participio y por ello sin marcador de género) en Jn 16:7 *et seq*.

Baste acordarnos de las confusiones, cismas y hasta machismo religioso que este cambio de géneros ha ocasionado a través de los siglos, mientras los teólogos lucharon para encontrar sentido en una Trinidad supuestamente toda masculina. Así, es de destacar cómo la ruptura ortodoxa/católica del 1054 d. de C., resultó de la controvertida disputa *filioque* acerca de la «procedencia» del tercer miembro de la Trinidad.[7] Con la Sagrada Espíritu como una figura

7. *Filioque*: combinación de palabras latinas que significa «y del Hijo», añadida al credo de Nicea del 325 d. de C. por el visigodo III Concilio de Toledo en 589 d. de C.: CREDO IN SPIRITUM SANCTUM QUI EX PATRE {FILIOQUE} PROCEDIT: «Creo en el Espíritu Santo que procede del Padre {y del Hijo}»; la Iglesia ortodoxa no aceptó la inclusión, llevando a la ruptura final del 1054 d. de C. entre las Iglesias orientales y occidentales.

maternal, no obstante, se aclara la idea subyacente: Dios Padre y Espíritu Madre e Hijo Encarnado como el misterio básico de tres-en-uno, el Dios trino. Aquí el concepto es evidentemente el de una sagrada familia trascendental, en que el Niño Divino —y en verdad cada niño[8] (Mt 18:10, Jn 11:52)— nace eternamente, no de la unión física entre padres humanos, sino de la unión mística entre los aspectos paternal y maternal de la Divinidad:

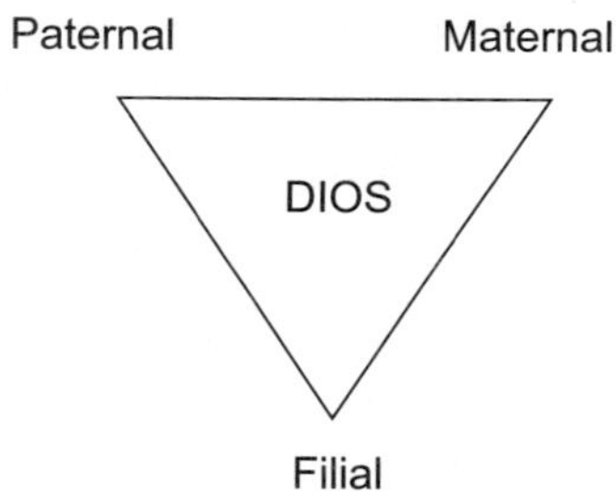

Así, referente a la controversia «filioque», es precisamente una tercera posibilidad —en contraste con las doctrinas occidental y oriental— que resuelve la cuestión: *la Sagrada Espíritu no procede del Padre ni con ni sin el Hijo, sino que el Hijo procede (nace) del Padre junto con la Sagrada Espíritu*. Esta forma lógica y coherente del concepto de la Trinidad ha sido efectivamente ocultada durante siglos a causa de un simple cambio gramatical.

Por eso, podríamos decir que en la carne nació una vez Yeshúa de la Virgen Máriam, pero espiritualmente ella nace

8. Supongo que ΜΟΝΟΓΕΝΗΣ («únicamente nacido») en Jn 1:14 significa lo singular del nacimiento por medio de una virgen y no Cristo como hijo único; véanse Jn 1:12-13, 20:17.

eternamente de él. La Virgen encarnada se puede entender como la encarnación de la Sagrada Espíritu maternal, igual que Yeshúa es la encarnación de Dios Padre (Jn 19:26-27!).

Citemos pues los otros dichos en Tomás, Felipe y Valentín, los cuales tratan directamente de este tema: «Yeshúa ve a niños que están mamando. Dice a sus discípulos: Estos niños que maman se asemejan a los que entran en la soberanía» (Tom 22). «En los días en que éramos hebreos, (eso) nos hizo huérfanos, teniendo solamente a nuestra Madre. Pero, cuando llegamos a ser mesiánicos, el Padre empezó a estar con la Madre para nosotros» (Fel 6). «Ella sola es la verdad. Crea a la multitud y referente a nosotros enseña esto solo en un amor por medio de muchos» (Fel 12). «Su (verdadera) Madre y Hermana y Pareja es (llamada) 'Máriam'» (Fel 36). «Un día un discípulo le pidió al Amo algo mundano; él le dice: Pide a tu Madre y ella te regalará de lo ajeno» (Fel 38). «La sabiduría es estéril sin Hijos —por eso, ella es llamada la Madre... la Sagrada Espíritu, que multiplica a sus Hijos» (Fel 40). «La sabiduría a quien los humanos llaman estéril es la Madre de los Ángeles» (Fel 59). «Adán entró en la existencia por dos vírgenes —por la Espíritu y por la virgen tierra» (Fel 90). «La Madre es la verdad, pero el unirse es el conocimiento» (Fel 116). «Él los sostiene a todos, los expía y además asume la forma-del-rostro de cada uno, purificándolos, trayéndolos de vuelta —dentro del Padre, dentro de la Madre, Yeshúa de bondad infinita—. El Padre destapa su seno, que es la Sagrada Espíritu, revelando su secreto. ¡Su secreto es su Hijo!» (Vrd 17).

En numerosos dichos en la parte final de Felipe, se hace referencia entonces al ΝΥΜΦΩΝ o Cámara Nupcial, en que el Hijo nace de la unión mística del Padre con la Espíritu; así por ejemplo: «Si es apropiado decir un misterio, el Padre de la totalidad se apareó con la Virgen que había descendido —y un fuego brilló para él en aquel día—. Él reveló el poder de la Cámara Nupcial. Así su cuerpo entró en la existencia en aquel día. Él salió en la Cámara Nupcial como alguien que ha salido del Novio con la Novia. De esta manera Yeshúa estableció la totalidad en su corazón. Y por medio de éstos, es apropiado que cada uno de los discípulos entre en el reposo de él» (Fel 89). Este misterio primordial entonces se celebra en el sacramento de la santa Cámara Nupcial (Tom 75, Fel 73 79).

Valga enumerar aquí las catorce discípulas que aparecen en la escritura: (**1**) la Virgen [Mt 1:18, 13:55, 28:1, Lc2:48 {«tu padre»?}, Hch 1:14]; (**2**) Máriam la hermana de Yeshúa [Mc 6:3, Fel 36]; (**3**) Máriam de Magdala [Lc 8:2, Jn 20:1-18]; (**4**) Máriam la esposa de Cleofás [Lc 24:18, Jn 19:25]; (**5**) Máriam la madre de Juan Marcos [Hch 12:12]; (**6,7**) Máriam y Marta de Betania [Lc 10:38-42, Jn 11]; (**8**) la hermana de la Virgen [Jn 19:25]; (**9**) Salomé [Mc 15:40, 16:1, Tom 61b]; (**10**) Susana [Lc 8:2]; (**11**) Juana esposa de Chuza [Lc 8:2, 24:10]; (**12**) la esposa de Zebedeo [Mt 20:20-23, 28:56]; (**13**) Tabita [Hch 9:36-43]; y (**14**) Rode [Hch 12:13-17].

TEOGÉNESIS

ⲦⲀ.ⲘⲀⲀⲨ ϪⲈ ⲘⲘⲈ Ⲁ.Ⲥ.ϮⲚⲀ.ⲈⲒ Ⲙ.Ⲡ.ⲰⲚϨ (Tom 101)

I

Los evangelios canónicos enseñan con claridad que el discípulo en sí mismo nace de Dios en lugar de padres humanos: «A todos los que lo recibieron... les dio potestad de ser engendrados hijos de Dios; quienes nacieron, no de... la voluntad de un humano, sino de Dios» (Jn 1:12-13); «Todos vosotros sois Hermanos y [así] no llaméis padre vuestro a nadie en la tierra, porque uno es vuestro Padre, el celestial» (Mt 23:9). Y de ahí la sorprendente declaración del Salvador en el Evangelio de Tomás: «Mi madre (la Virgen) me parió, pero mi Madre verdadera (la Sagrada Espíritu) me dio la vida» (Tom 101).

Además —y esto es de suma importancia— con respecto al resto de la humanidad (es decir, quienes todavía no son discípulos), el texto canónico declara: «Tengo otras ovejas que no son de este rebaño; las he de traer a ellas también... así habrá un rebaño y un pastor... para reunir en uno a los hijos de Dios que están dispersos» (Jn 10:16, 11:52); y «Por tanto, id y haced discípulos a todas las naciones» (Mt 28:19).

Esta doctrina mesiánica tan fundamental se puede resumir de la manera siguiente: la persona instruida por el Logos, quien así llega a conocerse a sí misma (Tom 3), por lo tanto aprende que en verdad siempre ha sido un hijo de Dios engendrado en la eternidad, nacido «de arriba» (griego

ΑΝΩΘΕΝ, Jn 3:78+31). No obstante, las amplias multitudes de la humanidad son evidentemente ignorantes de ser hijos del Altísimo, en lugar de niños de parejas particulares. De ahí la existencia de la confusión y el mal, y así la necesidad de la evangelización (véase Paterson Brown, «God and the Good»: www.metalog.org/files/tpb/god.g.html).

II

Consideremos entonces este dicho extraordinario del Evangelio de Felipe: «Primero ocurrió el adulterio, luego el homicidio. Y (Caín) se engendró en adulterio, (pues) era el hijo de la serpiente. Por eso llegó a ser un homicida igual que su otro padre y mató a su hermano. Pues cada apareamiento que ha ocurrido entre disimilares es adulterio» (Fel 46). ¿En qué sentido se podría decir que Caín nació de la serpiente?

Primero podemos recordar uno de los versículos canónicos tradicionalmente más difíciles, en San Juan: «Vosotros [descreídos] sois de vuestro Padre el Diablo... era un homicida desde el origen... es mentiroso y Padre de la mentira» (Jn 8:44). Utilizando este paralelismo destacable, decir que Caín nació de la serpiente significa que nació de una mentira. ¿En qué sentido, entonces, fue engendrado Caín de una falsedad?

Aquí es de suma importancia destacar que «Caín» en hebreo significa «producto».

> קין: «entallar, fabricar, hacer por un artífice, forjar», *Hebrew-Aramaic and English Lexicon of the Old Testament*

(#8544), de Francis Brown, S. R. Driver y Charles A. Briggs, 1906; basado en Wilhelm Gesenius, *Lexicon Manuale Hebraicum et Chaldaicum*, 1833.

Por lo tanto, en el relato del Génesis, al dar el nombre «Caín» al niño, la mujer y el hombre estaban afirmando que el niño fue, al menos en parte, su propia creación: «He producido un hombre con la ayuda de Yahweh» (Gén 4:1) —en lugar de *enteramente* la creación del Amo, meramente producido *por medio de* ellos: «No sabes cómo la espíritu viene a los huesos en el vientre de la mujer» (Ecl 11:5).

Y los padres del niño se llamaron así a sí mismos, en lugar de referirse a Dios como su único Pariente. Además, al pensar eso se olvidaron de que Dios es igualmente su propio Pariente. Y entonces se atribuyeron a sí mismos completa autoridad moral sobre tanto el niño como sí mismos —juzgando como dioses sobre el bien y el mal, en vez de permitir que sólo Dios proclamara el juicio (Gén 3:5).

En esto consistió la caída, la «transgresión original» de la humanidad en el pasado más remoto: aceptar la concepción errónea llamada la generación humana, en lugar de la realidad de la generación divina, a través de las generaciones. «Quien reconoce a padre y madre será llamado hijo de ramera» (Tom 105). Cristo vino a rectificar tal confusión, al proclamar que todos los humanos son en verdad ángeles nacidos de Dios y, por ello, hermanos —en lugar de meramente hijos de humanos (véanse Mt 12:46-50, 18:10, 23:9, Fel 64).

III

Felipe 46 así es, pues, un logion que verdaderamente ilumina y esclarece no sólo el concepto de pecado original en el AT, sino también el pasaje marcadamente difícil en Jn 8:44.

Ángel, imagen y símbolo

«¡He aquí! El Amo es nuestro espejo; abre tus ojos y velos en él y aprende la forma de tu rostro»
—Las Odas de San Salomón 13:1

«Cuando se ha alcanzado el último nivel de no reacción, la conciencia puede verse a sí misma con claridad como independiente de las cualidades fundamentales de la naturaleza»
—Patanjali, El sutra del yoga I.16

«La naturaleza es un espejo, el más claro de espejos; ¡mire en él y admire!»
—Feodor Dostoyevsky, Crimen y castigo

El notable análisis ángel/imagen entretejido en los tres evangelios coptos propone reemplazar [A] el cuadro de referencia (paradigma, protocolo, modelo, programa, vocabulario) «mundano», con [B] un cuadro de referencia (paradigma, protocolo, modelo, programa, vocabulario) «celestial». Según el primero, somos máquinas electrónicas en un universo material; según el segundo, somos espíritus eternas en la mente de Dios, espejando su imaginación en nuestros cinco sentidos.

I. (Tom 5, 84) Nada está escondido; nuestras imágenes sensoriales no disfrazan nada ulterior —es decir, no hay nada *detrás o más allá o dentro de* ellas—. En términos filosóficos, no hay ningún sustrato material subyacente a lo percibido. Así en su excelente estudio, Claude Tresmontant afirma que «la metafísica bíblica se caracteriza por la ausencia del concepto negativo de la materia... La tradición hebrea... intransigentemente afirma la bondad de la realidad, del mundo sensible, de las cosas creadas... [Por ello,] el concepto hebreo de lo sensible, en cuanto que difiere del griego... es [de] *un mundo en que la idea de «la materia» no aparece*... El hebreo es una lengua muy concreta... No tiene ninguna palabra para «la materia» ni para «el cuerpo» [en contraste con «el alma»], porque estos conceptos no pertenecen a ninguna realidad empírica. Nadie vio nunca ninguna «materia» ni «cuerpo», tal como son definidos por el dualismo sustancial. Los elementos sensibles —madera, hierro, agua— no son «la materia»; son realidades sensibles... Si deseamos referirnos a lo sensible como «la materia», no hay nada que objetar. Es una mera cuestión de palabras. Pero entonces hemos de asegurarnos bien con respecto a lo que queremos decir y no referirnos a... una «sustancia material» inconcebible» (Biblio. 13; en la Edad Media, los filósofos hebreos utilizaban la palabra גלם [*golem*, embrión; sólo en Sal 139:16] para significar la materia).

II. (Tom 19, 22, 36, 50, 67, 80, 83; Fel 24, 26, 81, 84, 95) Empezando con este axioma implícito —que no puede ser una cosa tal como «la materia» (este término sería, en nuestra terminología moderna, no significativo)— los textos pasan a designar nuestro campo sensorial entero, como «imágenes» («iconos»). Éste sirve como un término colectivo para lo que los filósofos recientes han llamado «fenómenos» o «datos sensibles» —inclusive el soliloquio interior de uno mismo, la memoria, la emoción y la fantasía, además de las percepciones sensoriales que constituyen su propia encarnación individual, junto con su ambiente natural y empírico.

III. (Tom 37, 42; Fel 9, 30, 47, 85, 112) Pero imágenes lógicamente presuponen conciencia. El ego individual correspondientemente yuxtapuesto entonces se designa como un «ángel», una conciencia pura semejante a un espejo, que «refleja» (contempla) su complejo espacio-temporal de imágenes sensibles. De esta manera, se dice que el ángel «se aparea» con sus imágenes. Además, puesto que todo el espacio y el tiempo son meramente relaciones *entre* las imágenes, el ángel en sí mismo no es espacio-temporal, sino «eterno»; así Jn 5:19 [extrapolado]: un Hijo «no puede hacer nada por sí mismo, sino lo que ve hacer al Padre»; también Lc 20:34-36!

IV. (Mt 18:10; Tom 5, 15, 17, 52, 59, 76, 91; Fel 65, 107) Por eso hay una Conciencia Universal que corresponde a la meta-totalidad de todas las imágenes; este superego es por definición Dios (Gén 1:26, «en nuestra imaginación»).[1] Cada persona o ángel se asemeja así a un espejo en la mente de Dios, individualmente en sus cinco sentidos reflejando a la plétora de la imaginación divina. (Es importante subrayar que esto no implica que todos entiendan esa relación de manera explícita; eso presuntamente requiere la enseñanza del Logos.) Hay aquí un precioso juego de palabras sobre ΕΙΚΩΝ: nuestras *imágenes* sensibles son en sí mismas *iconos* sagrados ([1]Víctor Hugo, *Los miserables*: «Todos los aspectos de las cosas son pensamientos de Dios»; Antón Chekhov, *La gaviota*: «El alma comuna del mundo es el Yo»).

V. Así, referente a la pregunta primordial de Tales de Mileto (625-546 a. de C.), sobre la sustancia básica del Universo perceptible —de cuya indagación surgió toda la investigación científica y filosófica posterior— parece que Cristo enseñó que se compone de *la imaginación de Dios*.

VI. (Jn 5:19; Tom 75; Fel 6, 32, 40, 93, 130, 143) Conocerse uno a sí mismo como esencialmente una reflexión de imágenes dentro de la mente de Dios es saber que uno «nace eternamente en la Cámara Nupcial» de la unión mística de los Dos en Uno: el Resplandor con la Espíritu, el Padre con la Madre, el Novio con la Novia[1], y Cristo con la totalidad ([1]recordando el Cantar de los Cantares).

VII. (Tom 83; Fel 78; Vrd 8, 17) Pero un espejo (visual) es en sí mismo un tipo de imagen, de ninguna manera separado del campo visual. Igualmente son unidos los dos, el ángel y la imagen: cada individuo es una reflexión unitaria *dentro de* la imaginación divina. Y se propone el Cristo encarnado como la imagen espejada («forma-de-rostro») perfecta del Padre, en que Dios se contempla a sí mismo perfectamente reflejado. Nosotros mismos, en cambio, somos proyectados por Dios como imágenes espejadas imperfectas —aunque perfectibles (Mt 5:48, Lc 1:6, Vrd 53)— en su imaginación.

VIII. (Jn 1:1-3; Fel 10, 11, 13, 25, 72, 136; Vrd 43) Queda todavía por considerar el tema entero de la semántica, es decir, del logos mismo o del significado; ¿qué caracteriza aquellas imágenes —sonidos, dibujos, gestos, inscripciones, etc., o los pensamientos de tal— que sirven como *iconos específicamente lingüísticos* o «imágenes simbólicas»? ¿Y en qué sentido es una persona encarnada un logos (y Cristo el Logos perfecto)? Una aseveración es, pues, en sí misma un complejo de imágenes (sea físico o mental), que se usa con vistas a la comunicación; por eso supuestamente estaríamos diciendo que cada encarnación es una comunicación divina (y Cristo la comunicación perfecta). ¿Son quizás las proposiciones y sus componentes, como las personas que las usan, esencialmente reflectantes? Esto implicaría que el significado descriptivo del lenguaje consiste en un «espejamiento» polidimensional de sus denotaciones posibles —igual que la identidad de la persona consiste en ser un reflejo consciente de sus propias imágenes y a la vez un reflejo (encarnación) de Dios—. Aquí tendríamos que analizar las diversas relaciones correlativas entre, por lo menos, seis paralelos binarios: ego/imagen, sustancia/atributo, sujeto/objeto, sujeto/predicado, activo/pasivo y variable/función —referente tanto a los individuos como a la Divinidad.

IX. Con respecto a la sola estructura sintáctica que se requiere, por ejemplo, para formar las frases de sustantivos y de verbos, podríamos pensar que la persona, al ser esencialmente un espejamiento subjetivo de imágenes objetivas, podría *por sí misma* ser capaz de entender las formas gramaticales sujeto-predicado y activo-pasiva (Jn 5:19). Esto tal vez ayudaría a explicar la facultad lingüística innata en los niños (así Noam Chomsky) para entender, generar y transformar nuevas declaraciones en oraciones del lenguaje.

X. Es cierto que los niños, no obstante, aprenden palabras individuales antes de aprender oraciones; de ahí que sea cierto que las palabras individuales son primitivas en el lenguaje. Pero, puesto que una palabra es una imagen (sonido, inscripción, etcétera), podríamos preguntar si hay un paralelismo lógico significativo entre tales iconos lingüísticos comunes y los iconos informáticos. Porque éstos —en lugar de ser meramente ilustraciones— representan archivos de programas además de datos; así podríamos formar la hipótesis consistente en que una palabra es un tipo de imagen que designa un archivo, o de datos (incluso imágenes) o de un programa. Así los humanos habrían, muy naturalmente, hecho los ordenadores como modelos simplificados de su propia racionalidad (compárese Alan Turing, «Computing Machinery and Intelligence», *Mind* 1950: «En el proceso de intentar imitar una mente humana madura, tendremos que pensar mucho sobre el proceso que la ha traído al estado en que se encuentra»; NB: el lenguaje ordinario es generalmente *analógico*, es decir, tiene funciones de verdad continuas en lugar de digitales, mientras que los ordenadores modernos funcionan según un cálculo *binario*).

XI. Tal metafísica única y extraordinaria, la que se podría llamar Idealismo Espiritual, tiene paralelismos significativos con **(1)** el neoplatonismo de Plotino en su *Enéadas*; **(2)** la filosofía del idealismo subjetivo de George Berkeley, según la cual «las cosas sensibles no pueden existir más que dentro de una mente o espíritu; por lo que es necesario que haya otra Mente en la cual existan» [*Tres diálogos entre Hylas y Filonous*]; **(3)** el esquema de Gottfried Wilhelm Leibniz, con nosotros como mónadas «espejando» el Universo y con

Dios como la Mónada Suprema [*Monadología* 56]; **(4)** el análisis ego/fenómeno de Emmanuel Kant, donde la «unidad de la conciencia que precede a todos los datos empíricos... la unidad trascendental de la apercepción», está esencialmente en polaridad con «la variedad [sensible] de todas nuestras intuiciones» [*Crítica de la razón pura* A106-7] —véase especialmente su elocuente «hipótesis trascendental» [A779/B807]; **(5)** el *Tractatus logico-philosophicus* 5.64, *Cuadernos 1914-1915* [7.VIII.16 y 2.IX.16] e *Investigaciones filosóficas* [#373, «La teología como gramática»] de Ludwig Wittgenstein; **(6)** *Yo y tú* de Martín Buber —véase también *La voluntad de creer* anterior de William James: «El universo ya no es un mero ello para nosotros, sino un *Tú*, si somos religiosos»—; **(7)** *La filosofía del espacio y el tiempo* de Hans Reichenbach [Dover Books, Nueva York, s/f]; **(8)** *Fenomenología de la percepción* de Maurice Merleau-Ponty, y **(9)** bastante epistemología tradicional de Oriente: hindú, budista y taoísta [recuérdese Tom 30]: así, por ejemplo, Daisetz Teitaro Suzuki, *Ensayos sobre el budismo zen* [2ª serie]: «La estructura entera de la filosofía budista [*mahayana*] se basa en un monismo idealístico»; también el encarnacionalismo polimórfico del *Bhagavad Gita* 11.5: «He aquí mis formas a centenadas y millares —diversas, divinas, de muchos colores y figuras».

XII. La Significación de las Imágenes. Una persona es la conciencia de un conjunto encarnado de imágenes sensoriales, de las cuales una o todas son simbólicas; Dios es la conciencia universal de todas las imágenes y todo simbolismo.

1. el ego es conciencia (subjetividad, pasividad, sustancia, noúmenon)
    - 1.1 de imágenes: cosas
    - 1.2 de significación: conceptos
    - 1.3 de uno mismo y otras personas: encarnaciones

2. las imágenes son sensibles (objetividad, actividad, atributos, fenómenos)
    - 2.1 la conciencia y las imágenes son interdefinidas
    - 2.2 los cinco sentidos
        - 2.2.1 NB las emociones son sensaciones simbólicas
    - 2.3 la percepción
        - 2.3.1 percibimos nuestras encarnaciones y su ambiente
            - 2.3.1.1 dos personas pueden percibir y perciben la mera misma imagen
        - 2.3.2 comunicamos vía símbolos percibidos
        - 2.3.3 la coexistencia = el espacio
    - 2.4 la memoria
        - 2.4.1 los recuerdos son imágenes de percepciones pasadas
        - 2.4.2 el cambio = el tiempo
    - 2.5 la imaginación/fantasía
        - 2.5.1 hiperdimensionalidad
        - 2.5.2 la volición es opción entre acciones imaginadas (deliberación)
            - 2.5.2.1 la legalidad, la ética
            - 2.5.2.2 mosaica/crística como normas legales/morales

2.5.2.3 el perdón trasciende a los sistemas axiológicos individuales

2.5.3 el karma es analógico, no binario

2.5.3.1 así, por ejemplo, Mt 25 como una parábola binaria de un acontecimiento analógico

2.6 los sueños, las visiones, las alucinaciones

3. la significación es simbolismo (racionalidad, logos)

3.1 un símbolo es una imagen que representa algo

3.1.1 por ejemplo, proferencias, gestos, pinturas, alfabetos, partituras musicales

3.1.2 un símbolo puede ser percibido, recordado, fantaseado, soñado, etc.

3.2 todo pensamiento, lenguaje y comunicación son imágenes simbólicas

3.3 un símbolo puede ser o más simple o más complejo que su referente

3.3.1 las metáforas son símbolos que coinciden sólo en parte

3.3.2 las parábolas son relatos metafóricos

3.4 las imágenes pueden simbolizar:

3.4.1 otras imágenes

3.4.2 otros símbolos

3.4.2.1 por definición: léxicos, axiomas, criterios

3.4.2.2 empíricamente: enciclopedias, información

3.4.2.3 por estipulación de criterios

3.4.2.3.1 la ética

3.4.2.3.2 el arte
3.4.2.3.3 la música
3.4.3 las comparaciones y modificaciones entre imágenes
3.4.3.1 cualitativas: humanidades, las artes
3.4.3.2 cuantitativas: matemática, las ciencias
3.4.4 las operaciones proposicionales en símbolos
3.4.4.1 predicación (aserción)
3.4.4.2 conjunción, negación (tablas de verdad)
3.4.4.3 relaciones
3.4.5 las operaciones programáticas en símbolos
3.4.5.1 analógicas (practicabilidad)
3.4.5.2 digitales (computación)
3.4.6 a las personas
3.4.6.1 la vida es analógica
3.5 «el logos de x» = «el arreglo/designo de x»
3.6 «el logos de 'x'» = «el simbolismo de 'x'»
3.7 logos = arreglo + simbolismo

4. las personas son egos/ángeles/espíritus encarnados
4.1 una persona es un complejo de imágenes conscientes/reflectivas
4.1.1 NB los espejos son en sí mismos imágenes que reflejan otras imágenes

4.1.2 así nos descubrimos a nosotros mismos como complejos reflejantes de imágenes

4.2 sus imágenes existen dentro del ego (como su contenido)

4.3 el ego existe dentro de sus imágenes (como su reflectividad)

4.3.1 por lo tanto, entre ego e imágenes hay reciprocidad, no dualismo

4.4 «Soy la conciencia de estas (reflectoras/simbólicas) imágenes»

4.4.1 esto es el ángel apareado con su iconología

4.5 los animales también son encarnaciones ([1]reencarnaciones)

4.6 Dios es la Conciencia Universal

4.6.1 nuestro Universo es la imaginación de Dios, «el cine en su mente»

4.6.2 así la complejidad universal existe *dentro de* la simplicidad divina

4.6.3 la ecología es sagrada

4.6.3.1 Cristo como el jardinero (Jn 20:15)

4.7 cada persona es una encarnación de Dios

4.7.1 todos son formas-del-rostro del Padre/Madre universal

5. la Totalidad

5.1 de imágenes: meta-imaginación, el Universo

5.2 de conciencia: meta-ego, Dios

5.3 de simbolismos: meta-logos, lo Significativo

6. la Trinidad

6.1 el Padre de las imágenes (el Novio; creación, encarnación)
6.2 la Madre de las espíritus (la Novia; nacimiento, conciencia)
6.3 la Niñez de nosotros (los Hijos de la Cámara Nupcial)
6.3.1 la Hermandad y la compasión
7. la Unidad
7.1 el Cristo encarnado simboliza a la Divinidad:

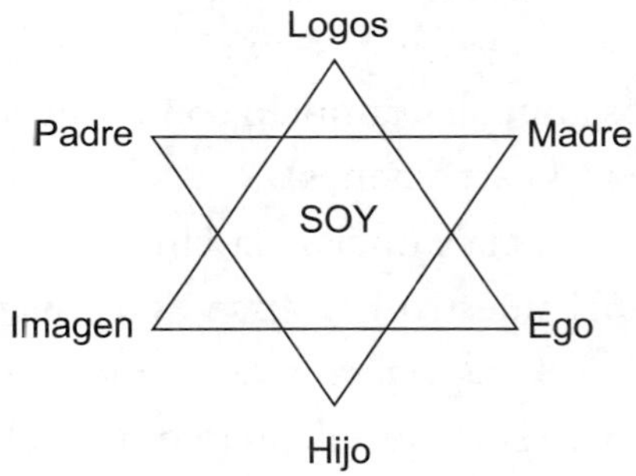

7.2 la contemplación
7.3 el reposo

La paradoja de Pablo

Επειρασας τους λεγοντας αποστολους
και ουκ εισιν και ευρες αυτους ψευδεις (Ap 2:2).

I

Quienes estudian el Nuevo Testamento pueden notar con sorpresa que el texto no contiene virtualmente ninguna cita de Cristo en ninguna parte de las epístolas de Pablo. Con la única excepción de la fórmula eucarística en I-Cor 11:24-25, él nunca repite *ni un* dicho del Yeshúa/Jesús histórico, ni los que encontramos en los evangelios escritos ni de una tradición oral contemporánea.[9]

Más aún, jamás alude al panorama biográfico del Salvador desde la Navidad hasta la Pasión, además de su enseñanza elaborada allí, los cuales llenan las páginas de los primeros cuatro libros del Nuevo Testamento. Esto es, a primera vista, una omisión muy desconcertante.

Además de esta notable falta de interés histórico, hay un aspecto todavía más enigmático en los relatos de Pablo en el Nuevo Testamento. Esto lleva a que una lectura objetiva y filosófica de los documentos parece revelar varias *contradicciones lógicas*, tanto en su biografía como en su teología si la comparamos con la de los evangelistas.

Hay que dar énfasis a que estas anomalías son de tipo conceptual y no empírico. Pues aunque por supuesto se

9. Aunque, asombrosamente, ¡cita a Juan Bautista en Hch 13:24-25! Hch 20:35, en cambio, es un dicho de Tucídides, *La guerra del Peloponesio* II.97.4; mientras que Hch 26:14 es de las líneas 1660-1661 del *Agamenón* de Esquilo.

localizan dentro de contextos históricos, teológicos y normativos entretejidos en el NT, se presentan como problemas de consistencia analítica y *a priori* entre varios textos —independientemente de la verdad o falsedad empírica de cualquier afirmación hecha o presupuesta por aquellos textos—. Además, estas discrepancias también hay que distinguirlas de cuestiones lógicamente posteriores, referentes a la antigua composición, edición, redacción o datación de las escrituras del NT —todos los cuales son asuntos empíricos/históricos.

En resumen y dicho más formalmente: *las antinomias paulinas son contradicciones lógicas y por eso en principio no pueden ser resueltas ni por medio de una investigación histórica ni por una crítica textual, que son ambas metodologías empíricas.*

Tampoco es éste el lugar para proporcionar un repaso de la cantidad de comentarios anteriores sobre estas complicadas cuestiones. Solamente me referiré a una serie retrospectiva de citas de un gran número de individuos eminentes, que están de acuerdo en que las doctrinas de Pablo parecen claramente opuestas al mensaje del evangelio. Estos extractos bastarán para mostrar que lo que se podría llamar «la paradoja de Pablo» ha sido reconocida por un espectro muy amplio de personas destacadas a lo largo de los siglos.

II

Aquí pues está la matriz de las antinomias, junto con resúmenes breves de la aparente contradicción lógica en cada caso. Hay que referirse siempre al griego original, ya que las traducciones desde la antigüedad a menudo han empañado —intencionalmente— estas mismas discrepancias. Se debe tener en cuenta, sin embargo, que tales contrastes son a menudo analógicos en lugar de binarios en sí; como tan corriente en la vida real, en lugar de *o el uno o el otro*, puede ser un caso de *más o menos* —como por ejemplo en #16, donde uno podría donar a los pobres desde nada, hasta todo que posee (véase Lc 19:8-9, pero también Hch 5:1-11!)—. Otras de las dicotomías siguientes, por otro lado, son irreduciblemente binarias en forma.

• **01. Hch 9:7 (cp. Dt 4:12) || Hch 22:9**

En el cálculo proposicional de la lógica moderna, «*p y no-q*» es la negación formal de «*q y no-p*». Así, «*oyeron* la voz, *pero no vieron* a nadie» directamente contradice «*vieron* la luz, *pero no oyeron* la voz». Pero aquel famoso acontecimiento en el camino a Damasco, fue la única justificación original para la supuesta comisión de Pablo con independencia de Pedro/Kefa y los demás apóstoles. (En este caso, es especialmente importante consultar el texto griego; tradujo correctamente en Elaine Pagels, 1975/1979, en el Apéndice).

• **02. Hch 9:26-29 || Gál 1:17-2:1**

¿Viajó Pablo entonces inmediatamente —¡o sólo diecisiete años después!— desde Damasco a Jerusalén, para ser presentado al círculo apostólico en pleno?

• **03. Mt 1:16, 22:41-45; Lc 3:23 || Rom 1:3**

Pablo declara que Cristo es del linaje de David, lo cual se niega explícitamente en los evangelios.

• **04. Lc 2:49, 19:45-46 || Hch 17:24**

Los evangelios aceptan la designación en el AT del Templo en Jerusalén como la propia Casa del Amo. Pablo sin embargo proclama a los atenienses que Dios no mora en ningún santuario hecho por manos humanas.

• **05. Hch 1:15 || I-Cor 15:5-6**

¿Cómo podía aparecerse Cristo a los doce, y después a más de 500 hermanos a la vez, en un tiempo (antes de la ascensión) en que el apostolado contaba solamente con once (Iscariotes ya habiendo salido y Matía todavía no elegido) y el discipulado entero contaba sólo con 120?

• **06. Mt 10:2+40, 16:15-19 || Gál 2:6+11-13**

La designación explícita de Shimón Pedro como el apóstol principal, con toda la autoridad delegada de Cristo mismo, excluye lógicamente que cualquier otro discípulo o apóstol se le oponga «a su cara» o (peor aún) le llame un hipócrita. En verdad, *¿no tenía nada que aprender Pablo de los apóstoles originales?*

• **07. Mt 28:16-20; Hch 10:1-11:18, 15:7-8+13-18 || Gál 2:6-9**

La doctrina de los evangelios dice claramente que, después de la resurrección, los once apóstoles que quedaban fueron enviados para proclamar la buena nueva al mundo entero. A pesar de eso, Pablo se afirma a sí mismo como *el solo y único* apóstol a los gentiles («el» apóstol, como es llamado frecuentemente), mientras que Pedro y los demás —según esta opinión— deberían limitarse a evangelizar solamente entre los judíos.

• **08. Mt 5:48; Lc 1:6; Jn 1:14, 6:53-56 || Rom 8:8**

La encarnación del Logos, además del mandato de perfeccionarse uno, trae consigo que los encarnados pueden muy bien agradar a Dios.

- **09. Lc 24:36-43; Jn 11:43-44, 20:27; Hch 1:9-11; Fel 25 || I-Cor 15:42-50**

Los evangelistas proclaman una resurrección y una parusía (segunda venida) encarnadas, mientras que al contrario Pablo asume una posición anticarnal y francamente gnóstica.

- **10. Lc 4:5-8; Jn 18:36, 19:18; Hch 4:26 (Sal 2:2) || Rom 13:1-5**

La soberanía celestial se describe en los evangelios como de otro orden, comparada con el dominio entero de las naciones —que son todas gobernadas por Satanás y por medio de una de las cuales (Roma) fue crucificado Cristo—. En cambio, las autoridades seculares con todo su armamento (¿incluso en Mc 15:16 y ss.?) son declaradas por Pablo como el propio ejército de Dios.

- **11. Mt 22:21 || Hch 25:11**

Cristo cede al César los impuestos, Pablo le confía (¡a Nerón, nada menos!) su seguridad personal.

- **12. Dt 23:15-16; Mt 23:10-12; Jn 8:31-36 || Col 4:1; I-Tim 6:1-2; Flm 10-19**

La reconceptualización en los evangelios promete a los creyentes emanciparlos de relaciones opresivas, mientras que Pablo literalmente permite la esclavitud *dentro* del discipulado.

- **13. Mt 12:46-50, 23:8-9; Lc 14:25-26; Jn 1:12-13, 3:1-8, 11:52 || Col 3:18-21: I-Tim 5:8**

Cristo enseña que uno ha de *renunciar* a las ataduras familiares en favor de —es decir, reemplazarlas por— la paternidad/maternidad de Dios, junto con la fraternidad de los Hijos encarnados. Pablo, por su parte, defiende inflexiblemente la estructura familiar tradicional.

- **14. Mt 19:10-12; Lc 14:20-26, 18:28-30, 20:34-36; Fel 64! || I-Cor 7:2-16+9:5?!; Ef 5:22-24; I-Tim 3:1-4:3**

Los evangelios estipulan que los dignos de la salvación tienen que superar al matrimonio (nótese bien que Lc 18:28-30 sucede *después de* Lc 4:38-39); no nos olvidemos que, según Gén 3:16, ¡la monoandria (es decir, tener sólo un marido a la vez) fue el castigo de Eva por su desobediencia! Sin embargo, Pablo permite una continuación del casamiento entre los discípulos.

- **15. Núm 6:5; Lev 19:27; Mt 2:23 (Jue 13:5); Vrd 21 || I-Cor 11:14**

La tradición hebrea indicaba que el cabello largo, en varón o mujer, es un signo de santidad y devoción especial a Dios. En realidad, la palabra en Mt 2:23 es ΝΑΖΩΡΑΙΟΣ (el término para nazirito en la edición LXX del AT) y no ΝΑΖΑΡΗΝΟΣ (es decir, alguien de Nazaret). ¿No estaban tanto Juan Bautista como Cristo consagrados de esta manera desde su nacimiento?

- **16. Mt 6:24-34, 10:8; Mc 10:13-31; Lc 10:38-42, 14:28-33; Hch 4:32-36 || Hch 18:1-3; I-Cor 11:34; II-Tes 3:6-12**

Cristo manda la cesación de trabajar por recompensa, la donación de todas las posesiones privadas a los pobres y un estilo de vida en adelante tanto comunitario como ambulante —sin preocupaciones de un día para otro tal como los pájaros y las flores, con todas las pertenencias compartidas y distribuidas equitativamente entre quienes tengan necesidad— así aboliendo, por tanto, de los humanos la maldición del trabajo (Gén 3:17-19). El consejo de

Pablo, al contrario, es «comed en casa» y apartarse de los perezosos, que deben o trabajar o andar hambrientos.

• **17. Mt 11:25, 18:1-5, 21:16 (Sal 8:2); Mc 10:15; Tom 4 || I-Cor 13:11**

Yeshúa enseña que es preciso hacerse como un niño para hallar el Reino del Cielo; Pablo dice exactamente lo contrario.

• **18. Mc 7:14-23; Lc 7:34 || Rom 14:21; I-Cor 8:13**

O debemos o no debemos mantener un régimen alimenticio particular por razones religiosas. Pero Pablo no está de acuerdo, ni con las reglas dietéticas (*kashrut*) del AT, ni con el *mídrash* (comentario) extraordinario del Salvador sobre eso.

• **19. Mt 12:19 (Isa 42:2); Lc 10:7 || Hch 17:16-34, 20:20**

Pablo predica de casa en casa, además de en las calles y plazas —en contra del modelo de Cristo.

• **20. Mt 6:5-6 || I-Tim 2:8**

Pablo exige la misma oración abierta que Cristo condena como exhibicionista; el Salvador declara que uno debe orar *solamente* en soledad y en secreto, nunca abiertamente.

• **21. Mt 18:1-4; Mc 9:33-35; Lc 14:7-11 || II-Cor 11:5, 12:13**

La narración de Pablo referente a sus viajes es insubordinadamente jactanciosa y competidora —en lugar de humilde, respetuosa y obediente— con respecto a quienes lo precedieron en el discipulado: los ΠΡΕΣΒΥΤΕΡΟΙ.

• **22. Mt 5:43-48, 7:1-5, 9:10-13, 18:21-35; Jn 8:2-11 || I-Cor 5; Gál 5:12; Tit 3:10-11**

La actitud del evangelio hacia los malhechores es compasiva, pero la de Pablo es francamente inquisitorial. «Que alguien se entregue a Satanás para el exterminio de la carne» —¿significará que sea entregado al verdugo de las autoridades seculares (como en Jn 19:17-18)? ¿Debemos amar a nuestros enemigos o condenarlos y castigarlos?

- **23. Mt 23:8-12 || Hch 20:28; Gál 4:19; Flp 2:22; I-Tim 1:2, 3:1-13**

Pablo introduce los términos de «padre», «diácono» y «obispo» para designar a los jefes religiosos —el mero tipo de título (junto con «pastor», «ministro» etc.) que Cristo había prohibido explícitamente—. En realidad, el pasaje en San Mateo parece excluir a *cualquier* clase de jerarquía dentro del discipulado, aparte de la simple precedencia (así ΠΡΕΣΒΥΤΕΡΟΣ, «mayor [en la fe]», en Hch 21:18, Stg 5:14, I-Ped 5:1, II-Jn 1) —según este criterio, Pablo fue *obligado* a someterse a los apóstoles originales, en contra de II-Cor 11:5 y Gál 2:6.

- **24. Gén 17:10; Lc 2:21 || Hch 16:3?; Gál 5:2; Flp 3:2; Tit 1:10-11**

Decir que es necesario «amordazar (ΕΠΙΣΤΟΜΙΖΕΙΝ) a los perros circuncisionistas», es *conceptualmente* inapropiado en un contexto apostólico. En todo caso, aunque Cristo se refirió a la circuncisión parabólicamente —como en Tom 53— ciertamente no prohibió su práctica física.

- **25. Lc 11:27-28; Jn 4:1-30, 11:20-35, 20:11-18; Tom 21 || I-Cor 14:34-35; I-Tim 2:11-15**

Varias mujeres hablan abiertamente al Salvador. Después, Máriam Magdalena, como primer testigo (!) de la resurrección, es enviada por Cristo mismo para «angelar» (ΑΓΓΕΛΛΩ: π66* ℵ* A B) su resurrección a los propios apóstoles.

¡Ésta no es una enseñanza de mera sumisión femenina, ni de callarse en la asamblea!

• **26. Lc 7:36-8:3, 10:38-42, 23:55-24:11; Jn 12:1-3; Tom 61b, 114; Fel 59 | | I-Cor 7:1-2; Ef 5:22-24; Tit 2:4-5**

Los evangelios representan a las mujeres como una parte íntima del séquito de Cristo —así rescindiendo el castigo de la dominación marital en Gén 3:16—. Pablo se opone enfáticamente a cualquier papel que dé libertad a las mujeres.

• **27. Mt 3:11-17, 28:19-20; Fel 73, 96, 115! | | Rom 6:3-4; Col 2:12**

Los evangelios aceptan que el bautismo por agua de Juan significa el arrepentimiento y la limpieza referente a la Torah, y que además hay que hacerlo explícitamente «en el Nombre». ¡Pablo, en cambio, considera el bautismo como *una muerte* metafórica o vicaria!

• **28. Lc 23:43; Jn 5:24, 8:51; Ap 20:4-6; Tom 1, 18, 19, 111; Fel 43 | | I-Tes 4:16-17**

Cristo enseña que sus discípulos no *experimentarán* la muerte, a pesar del martirio, mientras que Pablo escribe sobre los «muertos en Cristo».

• **29. Gén 4:1-5; Mc 15:10 | | I-Tim 6:10**

Pablo sostiene que el amor al dinero es la raíz de todos los males; pero en los casos paradigmáticos del homicidio de Abel por Caín y la entrega del Salvador por los principales sacerdotes, *la envidia* se cita como la maldad subyacente. Parecería imposible atribuir la iniquidad de Caín o los saduceos a la mera avaricia.

- **30. Mt 5:17-19, 19:16-19; Lc 16:29-31; Hch 21:17-24!, 4QMMT:C.26b-31[1] | | Rom 7:6; Gál 3:10, 5:18**

Si la Torah entera —el decálogo en particular, pero también las otras *mitzvot* (reglas morales) tales como Lev 19:18 *et passim*— está vigente hasta que el cielo y la tierra pasen, entonces la ley mosaica no es una maldición obsoleta de la cual se absuelven los creyentes. Éste fue el preciso asunto en discusión *después* de que Pablo concluyó sus tres jornadas misioneras, cuando «todos los ancianos» (!) en Jerusalén le exigieron someterse al voto nazirito: para probar su adhesión continua a la Ley de Moisés. ([1]«Las obras de la Torah... os serán contadas por justicia»; del Rollo del Mar Muerto, *Miqsat Ma'ase ha-Torah*)

- **31. Mt 7:21, 11:2-6!, 19:16-19, 25:31-46; Jn 13:34!, 14:21, 15:10; Stg 2:14-26 | | Rom 3:28, 10:9; I-Cor 15:35-44**

Cristo dice que llamarle «Amo/Señor» no es adecuado, sino que se exige la obediencia total del discípulo; lo mismo el AT que los evangelios requieren el cumplimiento de una plenitud de mandamientos divinos, con obras fructíferas como resultado. En verdad, ¡fue precisamente por sus obras —y no meramente por su fe— como Cristo mostró su propia autoridad a Juan Bautista! Pablo, en cambio, declara que una simple confesión de la fe, junto con una creencia en la resurrección (meramente espiritual, no carnal) de Cristo, bastan —una doctrina totalmente antinómica—. (Hay que distinguir cuidadosamente entre este tema y el *perdón*— tanto entre humanos como entre Dios y la humanidad —el cual es una doctrina sumamente innovadora en la enseñanza, primero de Juan Bautista y después de Cristo

[Mc 1:4]. Ya que por supuesto *la absolución lógicamente presupone una transgresión de las reglas y no su abrogación*; compárense, por ejemplo, Ezek 18 con Mt 6:14-15.)

- **32. Gén 49; Mt 19:28; Hch 1:13-26; Ap 2:2!, 21:14; Bernabé 8:3! || I-Cor 9:1-2; II-Cor 11:5-13**

Por último, hay que notar que el número fijo de los apóstoles fue establecido por el Salvador exactamente en doce (por razones obvias de simbolismo histórico, nótese la simetría en Ap 21:12-14), y además que Pablo nunca fue incluido en aquel círculo; ¡ni siquiera Bernabé en su Epístola reconoce el apostolado de Pablo!: «[Aquellos apóstoles] a quienes dio el Amo el poder del Evangelio para predicar; y son doce como testimonio a las tribus, pues hay doce tribus de Israel» (8:3).

III

Pablo de Tarso es una figura enigmática y paradójica. Trabado en el dilema ético de designar a todo el mundo transgresores según la Torah, a la vez rechazando la Torah precisamente por haberlos condenado (Gál 3:10!), no conocía las enseñanzas y prácticas históricas de Cristo, ni estuvo dispuesto aprenderlas de los apóstoles originales (Gál 2:6). Así su soteriología se centró exclusivamente en la Pasión, de la que estaba enterado, interpretando la misión de Cristo como enteramente un sacrificio del AT, mientras que el mensaje mesiánico innovador —*las enseñanzas de Cristo, encarnadas en su estilo de vida*, elaborado por todos los evangelios canónicos antes de las narrativas de la Pasión—

permaneció completamente ignorado por Pablo. (Sobre la moralidad bíblica trinaria, véase Perfecto en «Notas a Felipe».)

Esto no es negar que compuso unos elocuentes pasajes poéticos (tal como Col 1:15-20); pero es necesario considerarlos, a la luz de los conflictos doctrinales anteriormente descritos, nada más que adornos en sus escritos. Aquellos documentos, en su totalidad, proclaman un discipulado que es básicamente incompatible con el mensaje del propio Cristo, recordado en los evangelios históricos.

Como nota importante, antes de Clemente de Alejandría e Iréneo de Lyon, a finales del siglo II, no hay ningún autor que cite tanto a los evangelios como a las epístolas paulinas. Así, hubo un período de cisma sumamente largo, entre la comunidad de los Doce y la de Pablo, antes de los intentos más tempranos de integración.

Sin embargo, la ironía, por supuesto, es que los evangelios canónicos mismos, de cuya tradición Pablo era tan manifiestamente ignorante, fueron preservados finalmente sólo por la Iglesia paulina —la cual en fin ha diseminado por todo el mundo el mismo AT que Pablo había despreciado—. En cambio, parece que la Iglesia petrina/apostólica (a la que uno solamente podía entrar por un renuncio personal total; véase #16) no sobrevivió a las persecuciones de los primeros siglos.

Pablo estaba encargado del apedreamiento de san Esteban (Hch 7:58-8:1), puesto que según Dt 17:7 los «testigos que pusieron sus mantas a sus pies» —es decir, quienes estaban bajo su autoridad directa— eran obligados a tirar las primeras piedras. ¿Fue también «el capitán de la guardia del Templo» que detuvo a Kefa y Juan en Hch 4:1? ¿Se podría aun preguntar sobre su actividad en la noche del arresto de Cristo mismo? (Recuérdese que Lc 22:63-65 se lleva a cabo por la guardia del Templo y no por los romanos.) De ahí tal vez el problemático II-Cor 5:16, ΕΓΝΩΚΑΜΕΝ ΚΑΤΑ ΣΑΡΚΑ ΧΡΙΣΤΟΝ: «Hemos conocido a Cristo según la carne». ¡Esto ciertamente explicaría la obsesión posterior de Pablo por el perdón no merecido!

Sea lo que fuere, mi propósito aquí ha sido meramente el de formular una serie de dicotomías bíblicas, las cuales exponen la lógica subyacente del antiguo cisma mesiánico/paulino, como esencialmente un tema conceptual (¡y por supuesto pragmático!) y no empírico. Esto, con esperanza, podría estimular en el lector una reconsideración del estatus apostólico de Saulo de Tarso. Pues parece que jamás entró en el discipulado de Cristo —lo cual incontestablemente habría implicado aceptar la autoridad espiritual de Pedro— mucho menos se hizo apóstol.

Estas cuestiones básicas ya no pueden ser ni archivadas ni solucionadas por un mandato institucional. Pues su implicación esclarecedora es que la cristiandad tradicional —definida por el canon clásico del NT que incluye tanto los evangelios como la colección de Marcion de las epístolas de Pablo— es lógicamente autocontradictoria y, por tanto, inherentemente inestable (como los siglos siguientes lo han demostrado tan claramente). Desde un punto de vista más positivo, puesto que la enseñanza paulina apunta a un estilo de vida esencialmente antiguotestamentario (familias patriarcales, propiedad, sacerdotes, santuarios, ceremonias, rectitud mosaica), podríamos decir que *la cristiandad paulina adoptó el vocabulario del evangelio de manera parabólica*. De ahí que, en el ejemplo principal, la Misa o Comunión cristiana ha servido en las reuniones periódicas de las iglesias como un símbolo ceremonial de la verdadera convivencia y de ahí lo de comer juntos siempre —que fue, evidentemente, la Eucaristía tal y como la celebraba la Comunidad Apostólica en el siglo primero.

APÉNDICE: CRÍTICAS SOBRE PABLO

(en orden cronológico)

Tertuliano, *La prescripción contra los herejes* (200 d. de C.): Puesto que Pedro fue reprendido porque, después de vivir con los gentiles, se separó de su compañía por respeto a personas, la culpa ciertamente tenía que ver con la conversación y no con la predicación. Pues no parece de esto que cualquier Dios aparte del Creador, ni cualquier Cristo aparte de[l hijo de] María, ni cualquier esperanza aparte de la resurreción, fue proclamado [por él].

Macarius Magnes, *Apocriticus* III. 30-36 (hacia el 300): [Pablo] dice: «Todos los que dependen de las obras de la Ley están bajo una maldición» (Gal 3:10). El hombre que escribe a los romanos: «La Ley es es espiritual» (Rom 7:14), y otra vez: «La Ley es santa, y el mandamiento santo y justo» (7:12), coloca bajo una maldición a los que obedecen lo santo!... En sus epístolas... elogia la virginidad (I-Tim 4:1, I-Cor 7:25), y luego da la vuelta y escribe: «En los últimos tiempos, algunos apostatarán de la fe... prohibiendo casarse» (I-Tim 4:1-3).

San Juan Crisóstomo, *Homilías sobre Gálatas* (391): ¡Qué es esto, oh Pablo! Tú, quien ni al principio ni después de tres años consultó con los apóstoles, ¿consultas con ellos ahora que han pasado catorce años, no sea que estés corriendo en vano? Mejor hubiera sido hacerlo al principio, que después de tantos años; y ¿por qué corrías en absoluto, si no te convencía no correr en vano? ¿Quién sería tan insensato como para predicar durante tantos años, sin asegurarse de que su predicación era verdadera?... Como dice Santiago, «Ya ves, hermano, cuántos millares de entre los judíos hay que han creído; y se les ha informado con respecto a ti, que enseñas que hay que abandonar la Ley» (Hch 21:17 y ss.)... El propio Pablo, que quiso abrogar la circuncisión, cuando estaba a punto de enviar a Timoteo para enseñar a los judíos, primero lo circuncidó y así lo envió... No sólo no defiende a los apóstoles, sino que incluso pone en apuros a esos hombres santos... ¿Qué podrían haber aprendido de él todos los que ya fueron instruidos completamente?... ¿Por qué no abolieron los apóstoles la circuncisión, como consecuencia lógica, si loaban tu procedimiento?... Las palabras «Le hice frente» (Gál 2:11) implican un ardid; pues si su discusión hubiera sido verdadera, no se habrían reprendido el uno al otro en presencia de los discípulos, porque habría sido un gran obstáculo para ellos... No os sorprendáis de que él dé a este procedimiento el nombre de *hipocresía*; pues no está dispuesto, como dije antes, a revelar la verdadera índole del asunto, para la corrección de los discípulos. Debido al vehemente apego de ellos a la Ley, él llama al presente proceder *hipocresía* y lo reprende severamente, para erradicar eficazmente el prejuicio de ellos. Y Pedro también, al oír esto, participa en la decepción como si se hubiera equivocado, para que fueran corregidos por medio de la reprensión dada a él... La dificultad entera se eliminó por medio del sometimiento en silencio de Pedro a la imputación de hipocresía... Nótese como [Pablo] ha resuelto el asunto a un despropósito necesario.

San Agustín de Hipona, *Carta XXVIII, a Jerónimo* (394): He estado leyendo también algunos escritos atribuidos a usted, sobre las Epístolas del apóstol Pablo. En leer su exposición de la Epístola a los Gálatas... consecuencias sumamente desastrosas han de seguir nuestra creencia de que cualquier falsedad se encuentre en los libros sagrados: es decir, que los hombres, por medio de que la Escritura se nos ha dado y puesto por escrito, apuntaron en estos libros cualquier cosa falsa... Pues si se admite una vez en tal exaltado santuario de autoridad una declaración falsa, como hecha en guisa de obligación, no quedará ni una frase de esos libros la cual, si parece a quienquiera difícil de practicar o creer, no se podría por la misma regla fatal justificarse, como una declaración en que, a propósito y bajo un sentido de obligación, el autor declaró lo que no fue verdad... Si en realidad Pedro le parecía practicar lo correcto, y si no obstante él, para apaciguar a oponentes molestos, dijo y escribió que Pedro había hecho lo erróneo —si decimos así... en ningún lado de los libros sagrados quedará segura la autoridad de la pura verdad. | | *Carta XL, a Jerónimo* (397): Si es posible que los humanos digan y crean que, después de introducir su narrativa con las palabras, «En esto que os escribo, os aseguro delante de Dios que no miento», el apóstol mintió cuando dijo de Pedro y Bernabé: «Vi que no andaban rectamente conforme a la verdad del evangelio»... [entonces] si bien andaban rectamente, Pablo escribió lo que era falso; y si escribió aquí lo falso, ¿cuándo dijo la verdad? | | *La armonía de los evangelios* III.25.71 (400 d. de C.): La afirmación que Pablo hace... reza así: Lo vio Cefas y luego los doce. Después de eso, lo vieron más de quinientos hermanos a la vez. Por tanto, no se aclara quiénes eran esos doce, así como tampoco se nos informa sobre quiénes fueron esos quinientos... Hasta ahora el apóstol habría podido hablar de aquellos que el Amo había nombrado apóstoles, no como los doce, sino como los once. Algunos códices, en efecto, contienen esta lectura exactamente. No obstante, tomo eso como una enmienda introducida por hombres que, dado que estaban perplejos ante el texto, supusieron que se refería a los doce apóstoles que, una vez desaparecido Judas, eran solamente once en realidad.

San Jerónimo, *Carta 112, a Agustín* (404): Porfirio... acusa a Pablo de osadía porque se atrevió a reprobar a Pedro, reprobarlo en su presencia y, argumentadamente, condenarlo por haberse equivocado; es decir, por estar en el mismísimo error que él mismo, quien condenó a otro por trasgresión, había cometido... Oh bendito apóstol Pablo —que has condenado a Pedro por hipocresía, porque se había apartado a sí mismo de los gentiles por miedo de los judíos que vinieron de Santiago— ¿por qué estás tú, a pesar de tu propia doctrina, obligado a circuncidar a Timoteo (Hch 16:3), no sólo hijo de gentil sino un gentil él mismo?

Nestorio, *El bazar de Heracleides*, Fragmento 272 (450 d. de C.): Pablo proclamando: «De los judíos es Cristo, que era encarnado». ¿Qué pues? ¿Cristo es un mero hombre, oh bendito Pablo?

Anselmo de Laón (†1117), *Glosa sobre I-Corintios 15*: «Fue visto por Cefas»; antes de los demás varones, a quienes, como leemos en el Evangelio, apareció. Si no, esto sería contrario a la declaración de que él apareció primero a las mujeres.

Pedro Abelardo, *Sic et non* (1120): Escribiendo a san Agustín, después de ser reprendido referente a la exposición de un pasaje particular en la epístola de Pablo a los gálatas, Jerónimo dijo (Epíst 112.4): «Tú preguntas por qué, en mi comentario sobre la carta de Pablo a los gálatas, he dicho que Pablo no podía reprender a Pedro por lo que él mismo también había hecho. Y declaraste que la reprobación del apóstol no fue meramente fingida sino consejo verdadero y que no debo enseñar una falsedad. Contesto que... seguí el comentario de Orígenes». || *Cartas de dirección* (antes de 1142): Sabemos por supuesto que, cuando escribió a los Tesalonicenses, el apóstol [Pablo] reprendió claramente a ciertos perezosos entrometidos, diciendo que «Si alguno no quiere trabajar, tampoco coma»... Pero ¿no estaba María sentada ociosa para escuchar las palabras de Cristo, mientras que Marta estaba... quejándose algo envidiosamente del reposo de su hermana?

Cuentos del francés antiguo, «Del patán que ganó al Paraíso», (1200): ¿Cómo es, don Pablo Calvo, que estés ya tan enojado, tú, que antes eras un tirano tan feroz? Jamás habrá otro tan cruel; san Esteban pagó caro por eso cuando hiciste que fuera apedreado hasta la muerte. Bien conozco la historia de tu vida; por ti muchos hombres valientes murieron, pero por fin Dios te dio un buen gran sopapo. ¿No hemos tenido que pagar por tanto el acuerdo como el golpe? ¡Ja, qué divino y qué santo! ¿Piensas que no te conozco?

Sto. Tomás de Aquino, *Suma teológica* I-II, q.103, a.4, ad 2 (1272): Según Jerónimo, Pedro [en Gál 2:6-14] simulaba apartarse de los gentiles para evitar el escándalo de los judíos, cuyo apóstol era; y así no había en esto ningún pecado. Con la misma simulación lo reprendió Pablo para evitar el escándalo de los gentiles, de quienes era apóstol. Pero Agustín desaprueba esta solución.

Juan Duns Escoto, *Suma teológica* III.55.1, ad 2 (ed. Jerónimo de Montefortino, 1728-1734; basado en *Opus oxoniense*, 1298-1299): El orden en que se cuenta que ha sido difundida la resurrección de Cristo parece ser poco conveniente. Pues se relata que fue revelada primero a María Magdalena y que a través de ella supieron los Apóstoles que Cristo vivía; pero consta que tuvo lugar este mandato del Apóstol en I-Tim 2, diciendo: «No permito que la mujer enseñe».

Desiderio Erasmo, *Elogio de la locura* (1509): Hay muchas cosas en san Pablo que son contradictorias... No hace mucho asistí a una disertación teológica, como lo hago a menudo, y uno preguntó en qué lugar de la Escritura se ordena castigar a los herejes por el fuego en vez de convencerlos por la persuasión. Un anciano grave, cuyo ceño declaraba francamente que era teólogo, respondió con gran indignación que ese pasaje era del apóstol san Pablo, el cual dijo: «Evita al hereje después de haber intentado repetidamente disuadirle de su error».

Sta. Teresa de Ávila, *Cuentas de conciencia* XVI (1571): Parecíame a mí que, pues san Pablo dice del encerramiento de las mujeres —que me han dicho poco ha y aún antes lo había oído que ésta sería la voluntad de Dios—, [el Señor] díjome: «Diles que no se sigan por solo una parte de la Escritura, que miren otras, y que si podrán por ventura atarme las manos».

Blaise Pascal, *Pensées* 673 (1660): san Pablo... habla del [matrimonio] a los Corintios [I-Cor 7] de una forma que es una trampa.

Sor Juana Inés de la Cruz, *Respuesta a sor Filotea de la Cruz* (1691): Esto debían considerar los que, atados al «Mujeres callen en las iglesias» [I-Cor 14:34], blasfeman de que las mujeres sepan y enseñen; como que no fuera el mismo Apóstol el que dijo: «Las ancianas... enseñando el bien» [Tit 2:3]... Yo quisiera que estos intérpretes y expositores de san Pablo me explicaran cómo entienden aquel lugar: «Las mujeres callen en las iglesias»... Porque la proposición de san Pablo es absoluta y comprende a todas las mujeres sin excepción de santas, pues también en su tiempo lo eran Marta y María... María madre de Jacob, y Salomé, y otras muchas que había en el fervor de la primitiva Iglesia, y [Pablo] no las exceptúa [de su prohibición].

John Locke, *La razonabilidad del cristianismo* (1695): No es en las epístolas donde hemos de aprender cuáles son los artículos fundamentales de la fe, en donde son promiscua e indistintamente mezclados con otras verdades... Deberemos encontrar y discernir esos puntos grandiosos y necesarios más bien en la proclamación de nuestro Salvador y los apóstoles... en la narración de los evangelistas... Y lo que fue eso, ya hemos visto en la historia de los evangelistas y los Hechos; donde se establecen claramente, para que nadie pueda interpretarlos mal... Si todas o la mayoría de las verdades declaradas en las epístolas se recibieran y creyesen como artículos fundamentales, ¿qué sucedió, entonces, con aquellos cristianos que se habían dormido (que, como atestigua san Pablo en su primera a los Corintios, fueron muchos) antes de que se les revelaran estas cosas en las epístolas? La mayoría de las epístolas no fueron compuestas hasta más de veinte años después de la ascensión de nuestro Salvador, y algunas después de treinta... A nadie se le permite añadir nada a estos artículos fundamentales de la fe.

Matthew Henry, *Exposición del Nuevo Testamento*, vol. V (1721): Pablo tomó a [Timoteo] y lo circuncidó, o mandó que se lo hiciera (Hch 16:1-3). Extraño esto. ¿No había Pablo opuesto, con todas sus fuerzas, a los que querían imponer la circuncisión en los conversos gentiles? ¿No tenía consigo en este tiempo los decretos del Concilio en Jerusalén, los cuales atestiguaron en contra de ella? Sí los tenía, y sin embargo circuncidó a Timoteo.

Benjamín Franklin, *Pennsylvania Gazette* (10 de abril de 1735): Un hereje virtuoso se salvará antes que un cristiano malvado.

Thomas Morgan, *El filósofo moral* (1737-1740): Parece que san Pablo predicó otro evangelio bastante diferente del que era predicado por Pedro y los demás apóstoles.

Peter Annet, *Examen crítico de la vida de san Pablo* (carta a Gilbert West, 1746): Nunca terminaríamos, si relatáramos todas las contradicciones que se encuentran dentro de los escritos atribuidos a san Pablo... Generalmente, es san Pablo... a quien se debe considerar como el fundador histórico de la teología cristiana... la cual desde su fundación ha sido agitada continuamente por disputas [y] divisiones.

Emanuel Swedenborg, *Una continuación de la justicia final* (1763) y *La religión cristiana verdadera* (1771): Tomó asiento enfrente del escritorio y continuó su ensayo, como si no fuera él un cuerpo muerto y esto en el tema de la justificación por sólo la fe, etcétera, durante varios días y no escribiendo absolutamente nada sobre la caridad. Puesto que los ángeles vieron esto, se le preguntó por mensajeros ¿por qué no escribía también sobre la caridad? Replicó que no había nada de la caridad en la Iglesia y si ésa fuera aceptada en cualquier manera como un atributo esencial de la Iglesia, el hombre se asignaría a sí mismo el mérito de la justificación y en consecuencia de la salvación y así también robaría de la fe su esencia espiritual. Estas cosas dijo con arrogancia, pero no sabía que estaba muerto [Stg 2:26] y que el lugar al que había sido enviado no era el Cielo.

Charles Churchill, «La conferencia», *Poemas* (1763): ¡Que me bauticen (¿puede caer peor desgracia sobre un ser humano?)... con el nombre de Pablo; que yo (aunque a su servicio profundamente atado por juramentos sagrados y ahora por voluntad aliado), con celo falso y fingido defienda a un Dios herido y utilice su nombre por algún fin privado!

Voltaire, «Pablo», *Dictionnaire philosophique portatif* (edición Chez Varberg, Amsterdam 1765): Pablo no entró en la sociedad naciente de los cristianos, la cual por aquel tiempo era medio judía... ¿Se puede excusar a Pablo por haber reprendido a Pedro?... ¿Qué se pensaría hoy en día de un hombre que pretendiera vivir a nuestras expensas, él y su mujer, juzgarnos, castigarnos y confundir a los culpables con los inocentes?

Edward Gibbon, *Historia de la decadencia y caída del Imperio Romano* I.15.2 (1776): Parece que los cristianos judaizantes argüían... teniendo en cuenta el origen divino de la ley mosaica... que si el Ser, que es el mismo desde toda la eternidad, hubiera tenido la intención de abolir esos ritos sagrados que habían servido para distinguir a su pueblo elegido, su revocación habría sido no menos clara y solemne que su primera promulgación; que, en lugar de esos frecuentes pronunciamientos, que suponen o afirman la perpetuidad de la religión mosaica, ésta habría sido presentada como un esquema provisional destinado a durar solamente hasta la venida del Mesías, el cual debería instruir a la humanidad en una más perfecta manera de fe y adoración; que el propio Mesías, y los discípulos que conversaban con él en la tierra, en vez de sancionar con su ejemplo las observaciones más minuciosas de la ley mosaica, habrían proclamado al mundo la abolición de aquellas inútiles y obsoletas ceremonias.

Juan Josef Hoíl, *El libro de Chilam Balam de Chumayel* (compilado por Hoíl en su lengua maya nativa en 1782, 3ª edición castellana por la UNAM 1973): Solamente por el tiempo loco, por los locos sacerdotes, fue como entró a nosotros la tristeza, como entró a nosotros el «cristianismo». Porque los «muy cristianos» llegaron aquí con el verdadero Dios; pero eso fue el principio de la miseria nuestra, el principio del tributo, el principio de la «limosna», la causa de que saliera la discordia oculta, el principio de las peleas con armas de fuego, el principio de los atropellos, el principio de los despojos de todo, el principio de la esclavitud por las deudas, el principio de las deudas pegadas a las espaldas, el principio de la continua reyerta, el principio del padecimiento... el Anticristo sobre la tierra, tigre de los pueblos, gato montés de los pueblos, chupador del pobre indio [americano]. Pero llegará el día en que lleguen hasta Dios las lágrimas de sus ojos y baje la justicia de Dios de un golpe sobre el mundo... ¡Hermanos, hermanitos, venidos al mundo hijos de siervos! Cuando llegue el Rey y sea adivinado, será coronado el rostro del Hijo de Dios. Y llegará el Obispo, la Santa Inquisición que se llama, ante Saúl a pedir concordia con los cristianos para que se acabe la opresión y sea el fin de la miseria.

Thomas Paine, *La época de la razón* (1794): Aquel fabricante de sutilezas, san Pablo... [compuso] una colección de cartas bajo el nombre de epístolas... Entre los asuntos contenidos en esos libros... la iglesia ha creado un sistema religioso muy contradictorio con el carácter de la persona cuyo nombre lleva. Ha creado una religión de pompa y beneficio, en una supuesta imitación de una persona cuya vida era humildad y pobreza.

Chaqueta Roja (jefe de la tribu iroquesa en Nueva York), «Discurso a un misionero cristiano» (1805): Hermano, escucha lo que decimos. Hubo una vez en que nuestros antepasados poseían esta gran isla. Sus sitios extendían desde el sol naciente hasta el sol poniente. El Gran Espíritu había creado [todo esto] para el uso de los Indígenas... pues los amaba. Pero nos llegó un día maligno. Vuestros antepasados cruzaron las anchas aguas y desembarcaron en esta isla... Nos llamaron Hermanos. Los creímos y les dimos un sitio grande... Hermano, había una vez en que nuestros sitios eran amplios y los vuestros muy pequeños. Ya os habéis hecho un pueblo grandioso y nosotros apenas tenemos donde desplegar nuestras mantas. Tenéis nuestro país, pero no estáis satisfechos; queréis forzarnos a aceptar vuestra religión... Decís que tenéis razón y que nosotros somos perdidos. ¿Cómo sabéis que es verdad eso? Entendemos que vuestra religión está escrita en un libro... Hermano, dices que sólo hay una manera de adorar y servir al Gran Espíritu. Si hay solamente una religión, ¿por qué no estáis vosotros los blancos de acuerdo en eso? ¿Por qué no estáis todos de acuerdo?, pues todos vosotros podéis leer el libro.

Johann Gottlieb Fichte, *Las características de la era presente* (1806): [El] sistema cristiano... [es] una forma degenerada del cristianismo y cuya composición... [hay que] atribuirla al apóstol Pablo.

Thomas Jefferson, «Carta a William Short» (1820): Pablo fue el... primer corruptor de las doctrinas de Jesús.

Jeremy Bentham, *No Pablo sino Jesús* (1823): Cada confesor de la religión de Jesús ha de decidirse por cuál de las dos religiones— la de Jesús o la de Pablo —se adherirá.

Ferdinand Christian Baur, «El partido de Cristo en la iglesia de Corinto, la oposición entre el cristianismo petrino y el paulino en la iglesia antigua y el apóstol Pedro en Roma» (1831): ¿Qué tipo de autoridad puede haber para un «apóstol» quien, en contraste con los demás apóstoles, nunca había sido preparado para el oficio apostólico en la propia escuela de Jesús, sino que solamente después se atrevió a atribuirse a sí mismo el oficio apostólico sobre la base de su propia autoridad? || *La historia de la iglesia de los primeros tres siglos* (1853): La cuestión única será, cómo el apóstol Pablo aparece en sus epístolas tan indiferente a los hechos históricos de la vida de Jesús... Escasamente se comporta como un discípulo que ha recibido las doctrinas y los principios que predica, del maestro cuyo nombre lleva.

Ralph Waldo Emerson, «La cena del Amo» (1832): Parece que la opinión de san Pablo, en fin, no debe alterar nuestra opinión derivada de los evangelistas.

Søren Kierkegaard, *Carta a Peter Wilhelm Lund* (1.VI. 1835): En el cristianismo mismo hay contradicciones tan enormes que previenen una vista clara. || *Los diarios* (1849): En Cristo lo religioso está completamente en tiempo presente; en Pablo ya está rumbo a convertirse en doctrina. ¡Uno puede imaginar lo demás!... Ha continuado esta tendencia durante Dios sabe cuántos siglos. || (1850) Mientras Jesucristo vivía, él era en verdad el prototipo. La tarea de la fe es... imitar a Cristo, convertirse en discípulo. Entonces Cristo muere. Ahora, por medio del apóstol Pablo, viene una alteración básica... Él quita la atención de la imitación y la fija decididamente en la muerte de Cristo el expiador. || (1854) Lo que Lutero no alcanzó a percatarse es que la circunstancia verdadera es que el apóstol [Pablo] ya ha degenerado, en comparación con el evangelio.

| | (1855) Llega a ser el discípulo quien decide lo que es el cristianismo, no el maestro, no Cristo sino Pablo... [quien] desechó completamente el cristianismo, poniéndolo patas arriba, haciéndolo exactamente lo contrario de la proclamación [original] cristiana. | | *Para la auto-examinación recomendada a la era presente*, I (1851): «La Palabra [es decir, la Sagrada Escritura] de Dios», es en verdad el espejo —pero, pero— ¡oh, qué enormemente complicado! —para decirlo rigurosamente, ¿cuánto pertenece a «la Palabra de Dios»? ¿Cuáles libros son auténticos? | | «Mi tarea», *El momento* (1.IX.1855): Incluso si en la proclamación del apóstol [Pablo] hay el más mínimo elemento que pudiera pertenecer a lo que se ha convertido en el sofisma corruptor de todo verdadero cristianismo, entonces he de elevar una gran protesta, no sea que los sofistas citen al apóstol de modo resumido. Es de suma importancia... corregir la tremenda confusión que provocó Lutero al invertir la relación hasta el punto de criticar a Cristo por medio de Pablo, al Maestro por medio del discípulo... Lo que he hecho es contrastar la proclamación de Cristo con la del apóstol.

George Henry Borrow, *La Biblia en España* (1843): Apenas fue posible hacer una afirmación en su presencia sin recibir una rotunda objeción, especialmente cuando se ponían sobre el tapete asuntos religiosos. «Es falso», decían, «san Pablo, en tal y cual capítulo y en tal y cual versículo, dice exactamente lo contrario».

Herman Melville, *Typee* (1846): Mejor será para ellos seguir siendo felices e inocentes paganos y bárbaros como son ahora, que —como los desdichados habitantes de las Islas Sándwich [Hawai]— disfrutar del mero nombre de cristianos sin experimentar ninguna de las influencias esenciales de la verdadera religión, mientras que, al mismo tiempo, han sido víctimas de los peores vicios y males de la vida civilizada... ¡Gente mal destinada! Me estremezco cuando pienso en el cambio que se producirá en su paradisíaco hogar dentro de unos pocos años; y, probablemente, cuando los vicios más destructivos y los peores aspectos de la civilización hayan desterrado del valle toda paz y felicidad... ¡[se pregonará] al mundo que las Islas Marquesas se han convertido al cristianismo!... [De modo análogo,] el enjambre anglo-sajón ha erradicado el paganismo de la mayor parte del continente norteamericano; pero, con ello, ha eliminado también la mayor parte de la raza rojiza.

Henry David Thoreau, *Una semana en los Ríos Concord y Merrimack* (1849): ¿Por qué necesitan ser los cristianos tan intolerantes y supersticiosos aún?... En todas mis idas y venidas, nunca encontré el menor vestigio de fundamento para estas cosas... Es preciso no ser cristiano para apreciar la belleza y la significación de la vida de Cristo... Sería una triste guasa estar predispuesto contra la Vida de Cristo sólo porque el libro ha sido editado por cristianos. || *Diario* (1 de enero de 1858): Hay muchas palabras que son auténticas y genuinas y las cuales tienen su raíz en nuestras esencias... También hay bastantes palabras las cuales son espurias y artificiales y que solamente se pueden utilizar en un sentido malo, puesto que la cosa que significan no es recta y sustancial —como la iglesia, la judicatura... etc., etc.—. Quienes las utilizan no están asentados en tierra firme. Es en vano intentar preservarlas pegando otras palabras a ellas, como la iglesia verdadera, etc. Es como remolcar con una canoa a un barco que está hundiéndose.

Benjamin Jowett, *Las epístolas de san Pablo a los tesalonicenses, gálatas y romanos* (1855): Nuestra concepción de la era apostólica se basa necesariamente sobre los Hechos de los Apóstoles y las epístolas de san Pablo. Es vano registrar los escritos eclesiásticos, buscando más información... Limitándonos, entonces, a las fuentes originales, tenemos que estar asombrados por el hecho de que, de los primeros dieciocho años después del día de Pentecostés, apenas se conserva algún relato para nosotros... Parece que ya hubiéramos alcanzado la etapa segunda en la historia de la iglesia apostólica, sin ningún saber preciso de la primera.

Charles Dickens, *Pequeña Dorrit* (1857): Fue el domingo sombrío de su niñez, cuando estaba sentado con sus manos enfrente, asustado fuera de sus sentidos por un tratado horrible que comenzó el asunto con el pobrecito al preguntarle ¿por qué iba a la perdición?... y que, para atraer más su mente infantil, tuvo un paréntesis en cada línea alternativa con tal referencia de hipo como 2 Ep.Tes. c.iii v.6 y 7 [«Apartaos de cualquier hermano que anda ocioso»].

John Stuart Mill, *De la libertad* (1859): El evangelio siempre apunta a una moralidad anterior... el Antiguo

Testamento... San Pablo, un enemigo declarado de este modo judío de interpretar la doctrina... de su Maestro, igualmente presupone una moralidad anterior, es decir, la de los griegos y romanos... aun al punto de dar una sanción aparente a la esclavitud.

Ernest Renan, *San Pablo* (1869): El cristianismo verdadero, el cual durará para siempre, se deriva de los evangelios, no de las epístolas de Pablo. Los escritos de Pablo han sido un peligro y una roca escondida, las causas de los defectos principales de la teología cristiana.

Feodor Dostoyevsky, *El diario de un escritor* (1880): Si la esclavitud prevalecía en los días del apóstol Pablo, esto fue precisamente porque las iglesias que se originaron en aquel tiempo no eran perfectas todavía, como percibimos en las epístolas del apóstol mismo. No obstante, aquellos miembros de las congregaciones que individualmente alcanzaron la perfección ya no tenían o podían poseer esclavos, porque éstos se convirtieron en hermanos —y un hermano, un hermano verdadero, no puede tener a otro hermano como esclavo suyo. || *Los hermanos Karamázov* (1880): A este niño nacido del hijo del diablo y de una mujer santa... lo bautizaron como «Pablo».

Friedrich Nietzsche, *El alba* (1881): El relato de una de las almas más ambiciosas y molestas, de una cabeza tan supersticiosa como mañosa, el relato del apóstol Pablo —¿quién sabe de esto, excepto unos pocos eruditos?—. Sin este relato extraño, no obstante, sin las confusiones y tempestades de tal cabeza, tal alma, no habría ningún cristianismo.

León Tolstoi, *Mi religión* (1884): La separación entre la doctrina de la vida y la explicación de la vida comenzó con la proclamación de Pablo, quien no conocía las enseñanzas éticas puestas en el evangelio de Mateo y quien predicó una teoría metafíscocabalística completamente ajena a Cristo; y se perfeccionó esta separación en tiempos de Constantino, cuando fue posible revestir toda la organización de la vida pagana con un vestido cristiano y sin modificarla llamarla «cristianismo».

Adolf von Harnack, *La historia del dogma* I (1885): El evangelio paulino no es idéntico al evangelio original... El sepulcro vacío en el tercer día... se excluye directamente por el modo en que Pablo ha retratado la resurrección (1 Cor XV)... Pablo no sabe nada de una ascensión... El propósito de que la ascensión pasó 40 días después de la resurrección se encuentra por primera vez en los Hechos de los Apóstoles... Cada tendencia que valientemente no tiene en cuenta las tradiciones espurias, ha de recurrir a las Epístolas Paulinas —las cuales por un lado presentan un tipo tan profundo del cristianismo, y por el otro oscurecen y estrechan el juicio sobre la proclamación de Cristo mismo.

James George Frazer, *La rama dorada* (1890): Si el cristianismo debía conquistar al mundo, no podía hacerlo sino aflojando un poco los principios demasiado rígidos de su fundador.

Federico Engels, «Sobre la historia del cristianismo primitivo» (1894): Se han hecho intentos de concebir... todos los mensajes [del Apocalipsis de san Juan] como dirigidos contra Pablo, el apóstol falso... Las llamadas

Epístolas de Pablo... son tan sumamente dudosas como totalmente contradictorias.

William James, *Las variedades de la experiencia religiosa* (1901): Esto es la melancolía religiosa y «convencimiento del pecado», los cuales han tenido un papel tan grande en la historia del cristianismo protestante... Como dice san Pablo: autoaborrecimiento, autodesesperación, una carga no inteligible e intolerable... [—un caso] típico de la personalidad discorde, con melancolía en la forma de autocondenación y sentimiento del pecado.

William Wrede, *Pablo* (1904): Las contradicciones obvias en los tres relatos [de la conversión de Pablo en Hch 9, 22, 26], bastan para despertar desconfianza en todo lo que sobrepasa esta semilla... La majestad moral de Jesús, su pureza y piedad, su ministerio entre su pueblo, su manera como profeta, el entero contenido ético-religioso de su vida terrenal, significan para la cristología de Pablo —absolutamente nada... Si no queremos privar a ambas figuras de toda distinción histórica, el nombre «discípulo de Jesús» tiene poca aplicabilidad a Pablo... Jesús o Pablo: esta alternativa caracteriza, por lo menos en parte, la guerra religiosa y teológica de hoy en día.

Albert Schweitzer, *La búsqueda al Jesús histórico* (1906): Pablo... no deseaba conocer a Cristo según la carne... Quienes quieren encontrar una vía desde la proclamación de Jesús al cristianismo primitivo se percatan de las dificultades peculiares que le surgen... Pablo nos muestra que la vida terrenal de Jesús fue estimada con indiferencia completa por el cristianismo primitivo. | | *Pablo y sus intérpretes* (1912): El sistema del apóstol de los gentiles se opone a la enseñanza de Jesús como algo de un carácter totalmente diferente y no da la impresión de haberse originado en ella... Es imposible que un paulinismo subsista al lado de un cristianismo primitivo, el cual compartía las esperanzas escatológicas judías... Al problema de paulinismo pertenecen... preguntas a las que todavía no han encontrado solución:... la relación del apóstol con Jesús histórico... y con la ley [mosaica]... No apela [Pablo] al Maestro ni siquiera donde podría parecer inevitable hacerlo... Es como si sostuviera que entre la era mundial presente y en la que Jesús vivía y enseñaba, no existe ningún punto de conexión... A [Pablo] le es indiferente... lo que pensaba Jesús sobre el asunto... Los críticos [han] exigido prueba de la teología, que el Pablo canónico y sus Epístolas pertenecían al cristianismo temprano; y la demanda fue justificada. | | *De mi vida y pensamiento* (1931): La difusión rápida de las ideas de Pablo, se puede atribuir a su creencia en que la muerte de Cristo significó el fin de la Ley [de Moisés]. En el curso de una o dos generaciones, este concepto se hizo la propiedad común de la fe cristiana, aunque contradecía la tradición representada por los apóstoles en Jerusalén. | | *El misticismo de san Pablo* (1931): ¿Cuál es la importancia para nuestra fe y para nuestra vida religiosa, del hecho de que el evangelio de Pablo es diferente del evangelio de Jesús?... La actitud que el propio Pablo asume, referente al evangelio de Jesús, es que ni lo repite con las palabras de Jesús ni apela a su autoridad... La cosa fatídica es que las teologías griega, católica y protestante contienen todas el evangelio de Pablo en una forma que no continúa el evangelio de Jesús, sino que lo desplaza.

'Abdu'l-Bahá (hijo de Bahá'u'lláh), *Algunas preguntas contestadas* (1908): Pablo aun permitía comer animales estrangulados y sacrificados a ídolos, además de la sangre; solamente mantenía la prohibición de la fornicación. Así en el capítulo 4, versículo 14 de su Epístola a los Romanos... También Tito, el capítulo 1, versículo 15... [Según Pablo] este cambio, estas alteraciones y esta abrogación son debidos a la imposibilidad de comparar el tiempo de Cristo con el tiempo de Moisés. Las condiciones y requisitos en el segundo periodo se habían cambiado y alterado enteramente. Las leyes anteriores, entonces, fueron abrogadas.

Mark Twain, *Cartas de la tierra* (1909): Pablo... aconsejaba enteramente en contra de las relaciones sexuales. Un gran cambio de la perspectiva divina. || *Cuadernos* (fecha?): Si Cristo estuviera aquí hoy en día, hay algo en particular que no sería —un cristiano.

José Ortega y Gasset, «Una polémica» (1910): De recordar a Jesús como san Pedro, a pensar a Jesús como san Pablo, va nada menos que la teología. San Pablo fue el primer teólogo; es decir, el primer hombre que del Jesús real, concreto, individualizado, habitante de tal pueblo, con acento y costumbres genuinas, hizo un Jesús posible, racional, apto, por tanto, para que los hombres todos y no sólo los judíos, pudieran ingresar en la nueva fe. En términos filosóficos, san Pablo objetiva a Jesús.

Gerald Friedlander, *Las fuentes judaicas del sermón del monte* (1911): Pablo ciertamente no se relaciona con el sermón de la montaña... El sermón dice: «Cuidaos de profetas falsos, quienes vienen a vosotros vestidos de oveja, pero interiormente son lobos voraces» (Mt.vii.15). Generalmente, esto se entiende como una advertencia contra líderes religiosos indignos de confianza... ¿Expresa el versículo la experiencia de la iglesia primitiva? ¿No podría ser una advertencia contra Pablo y sus seguidores?

Miguel de Unamuno, *El sentimiento trágico de la vida* (1913): Pablo no había conocido personalmente a Jesús y por eso le descubrió como Cristo... Lo importante para él era que el Cristo se hubiese hecho hombre y hubiese muerto y resucitado y no lo que hizo en su vida —no su obra moral y pedagógica. || *La agonía del cristianismo* (1931): En vida de Cristo no se le hubiese adherido ningún Pablo.

George Bernard Shaw, *Androcles y el león*, Introducción (1915): No hay ni una palabra del cristianismo paulino en las declaraciones características de Jesús... En verdad, nunca ha sido perpetrada una imposición más monstruosa que la imposición del alma de Pablo sobre el alma de Jesús... Ya es fácil entender cómo el cristianismo de Jesús fracasó completamente en establecerse política y socialmente y fue con facilidad suprimido por la policía y la iglesia, mientras que el paulismo invadió todo el mundo civilizado occidental que era en aquel tiempo el Imperio Romano y que lo adoptó como su fe oficial. | | *El ¿qué hay? de la política* (1944): Un gobierno que roba de Pedro para pagar a Pablo siempre puede contar con el apoyo de Pablo.

Henry Louis Mencken, «El diccionario de jazz», *Un libro de burlescos* (1916): Arzobispo —un eclesiástico cristiano de un nivel superior al que alcanzó Cristo.

Martín Buber, «La vía santa» (1918): El hombre quien, al transmitir el judaísmo a los pueblos, causó su disolución... este violador de la espíritu... [fue] Saulo, el hombre de Tarso... Transmitió la enseñanza de Jesús... a las naciones, entregándoles el veneno dulce de la fe, una fe que desdeñó obras, eximió a los creyentes de la realización y estableció el dualismo en el mundo [cristiano]. Es la era Paulina cuyas agonías de muerte ahora [en la Primera Guerra Mundial] estamos mirando con ojos fijos. | | *Dos tipos de fe* (1948): No meramente la creencia del Antiguo Testamento y la fe viviente del judaísmo posbíblico son opuestos a Pablo, sino también el Jesús del sermón de la montaña... Ha de verse a Jesús aparte de su conexión histórica con el cristianismo... Es Pedro, [no Pablo,] quien representa la recolección inolvidable de las conversaciones de Jesús con los discípulos en Galilea.

Thomas Edward Lawrence, *Los siete pilares de la sabiduría* (1919): El cristianismo fue un híbrido —aparte de su primera raíz, no esencialmente semítico.

Carl Gustav Jung, «Los fundamentos psicológicos de la creencia en los espíritus» (1919): La resistencia fanática de Saulo al cristianismo... como sabemos por las epístolas, nunca fue enteramente superada. || «Una consideración psicológica del dogma de la Trinidad» (1940): Francamente, uno se desilusiona al observar cómo Pablo casi nunca permite que entre una palabra del verdadero Jesús de Nazaret.

Herbert George Wells, *Bosquejo de la historia* (1920): San Pablo y sus sucesores aumentaron o completaron o impusieron o sustituyeron otra doctrina en lugar de —como quizás preferís pensar— las claras y profundamente revolucionarias enseñanzas de Jesús, al exponer... una salvación que se podía obtener en gran parte por credo y formalidades, sin ningún cambio serio de los hábitos ordinarios y ocupaciones del creyente.

James Joyce, *Ulises* (1922): Pedro y Pablo. Más interesante si se entendiera qué significaría... Robando a Pedro para pagar a Pablo.

Isaac Babel, «Don Apolek», *Cuentos de la caballería roja* (1923): San Pablo, un cojo asustadizo con la peluda barba negra de un apóstata aldeano.

Rudolf Bultmann, *Jesús y la palabra* (1926): La Iglesia... no habría podido asumir la fiel adhesión a la ley [mosaica] y defenderla contra Pablo, si Jesús hubiera combatido la autoridad de la ley. Jesús no atacó la ley, sino que asumió su autoridad y la interpretó... Fue algún tiempo después de su muerte, cuando Pablo y otros misioneros helenísticos predicaron a los gentiles un evangelio distinto del de la ley... Jesús no desea... ningún ascetismo sexual. No cabe duda de que el ideal del celibato entró temprano en el cristianismo; lo encontramos ya en las iglesias de Pablo. Pero es enteramente ajeno a

Jesús. || «La significación del Jesús histórico para la teología de Pablo» (1929): Es bien obvio que [Pablo] no apela a las palabras del Amo en apoyo de sus doctrinas estrictamente teológicas, antropológicas y soteriológicas... Cuando se consideran las concepciones esencialmente paulinas, es claro que en eso Pablo no depende de Jesús. La enseñanza de Jesús es —a todas luces— improcedente para Pablo.

Franz Kafka, *El castillo* (1926): Es cierto que Bernabé no es un funcionario, ni siquiera de la categoría inferior... No se debe enviar de repente a un joven sin experiencia como Bernabé... al Castillo y luego esperar un relato suyo completamente verdadero, interpretando cada palabrita suya como si fuera una revelación y basando la felicidad de la vida de uno mismo sobre la interpretación. Nada podría ser más equivocado.

Pierre Teilhard de Chardin, *El medio divino* (1927): El Cristo místico, el Cristo universal de san Pablo, no tiene ni sentido ni valor a nuestro parecer excepto como una ampliación del Cristo que nació de María y que murió en la cruz. Aquél saca esencialmente de éste su cualidad fundamental de innegabilidad y solidaridad. Por de muy lejos que seamos atraídos hacia el interior de los espacios divinos que se nos abren por el misticismo cristiano, jamás nos apartamos del Jesús de los evangelios.

José Carlos Mariátegui, *Siete ensayos de interpretación de la realidad peruana* (1928): Los misioneros no impusieron el Evangelio; impusieron el culto, la liturgia... La Iglesia Romana puede sentirse legítima heredera del Imperio

Romano... Este compromiso en su origen, se extiende del catolicismo a toda la cristiandad.

Mahatma Gandhi, «Discurso sobre el compañerismo», *India Joven* (1928): Establezco una gran distinción entre el sermón del monte y las cartas de Pablo. Son un injerto en la enseñanza de Cristo, su propia glosa distinta de la experiencia propia de Cristo.

Kahil Gibrán, *Jesús el hijo de la humanidad* (1928): Este Pablo es verdaderamente un hombre raro. Su alma no es el alma de un hombre libre. Ni habla de Jesús, ni repite sus palabras. Daría en el yunque su propio martillazo, en el nombre de uno a quien él no conoce.

Oswald Spengler, *La decadencia de occidente* (vol. II, 1928): Pablo tenía, para las comunidades de Jesús en Jerusalén, un desdén escasamente disimulado... «Jesús es el redentor y Pablo es su profeta» —éste es el contenido total de su mensaje.

John Langdon-Davies, *Un relato breve de las mujeres* (1928): Fue por medio de [san Pablo] como la actitud ofensiva hacia las mujeres se expresó por fin en la Iglesia Católica.

Ernest Hemingway, *Adiós a las armas* (1929): Aquel san Pablo... Es él quien causa todo el problema.

Daisetz Teitaro Suzuki, *Ensayos sobre el budismo zen* (segunda serie, 1933): Te-shan (780-865 [d. de C.])... era muy erudito en la enseñanza de la sutra además de bien instruido en los comentarios... Oyó hablar de esta enseñanza en el sur [de la China], según la cual alguien podría hacerse un Buda por agarrar de inmediato su propia naturaleza más interna. Consideraba que ésta no podía ser la enseñanza del Buda mismo, sino del Maligno... La idea de Te-shan fue destruir el Zen si fuera posible... [Su] psicología nos recuerda a la de san Pablo.

Walter Bauer, *La ortodoxia y la herejía en el cristianismo más primitivo* (1934): Referente a Pablo, en el Apocalipsis [21:14] se encuentran solamente los nombres de los doce apóstoles en los cimientos de la nueva Jerusalén —no hay ningún lugar para Pablo... Para Justino [Mártir, en medio del siglo II], todo se basa en la tradición de los evangelios... El nombre de Pablo nunca se menciona por Justino... falta no sólo su nombre, sino también cualquier congruencia con sus epístolas... Si se me permite hablar muy puntillosamente, el apóstol Pablo era el único archihereje conocido en la época apostólica... Hemos de considerar el círculo de los doce apóstoles, para encontrar los guardianes de la información más primitiva referente a la vida y la proclamación del Amo... Este tesoro queda escondido dentro de los evangelios sinópticos.

Herbert A. L. Fisher, *Una historia de Europa* (1935): Pablo de Tarso... marcó una línea distinta de división entre [las] dos sectas... La cristiana y la judía saltaron separadas.

Henry Miller, *Fuente negra* (1936): Aquel maniático san Pablo.

Ludwig Wittgenstein, *Cultura y valor* (notas de 1937, publicadas en 1980): El manantial que fluye suavemente y límpido de los evangelios parece tener espuma encima en las epístolas de Pablo... Para mí, es como si viera pasión humana allí, algo como orgullo o enojo, el cual no está en armonía con la humildad de los evangelios... Quiero preguntar —y que esto no sea ninguna blasfemia—: «¿Qué habría dicho Cristo a Pablo?»... En los evangelios —tal como me parece a mí— todo es menos pretencioso, más humilde, más sencillo. Allí encontráis chozas; en Pablo una iglesia. Allí todos los humanos son iguales y Dios mismo es un humano; en Pablo ya hay como una jerarquía.

Kenneth Patchen, *El diario de Albión Luz de la Luna* (1941): Estábamos avanzando sin prisa por la calle principal en San Pablo cuando de repente, sin ningún aviso, un pulpo enorme envolvió sus brazos alrededor de nuestro carro.

Bertrand Russell, «Un bosquejo de tonterías intelectuales» (1943): El tabaco... no está prohibido en las Escrituras, aunque, como señaló Samuel Butler, sin duda lo habría denunciado san Pablo si se hubiera enterado de ello.

Will Durant, *César y Cristo* (1944): Pablo elaboró una teología de la cual solamente justificaciones más imprecisas se pueden encontrar en las palabras de Cristo... Por medio de estas interpretaciones Pablo podía omitir la vida verdadera y los dichos de Jesús, los cuales no había conocido directamente... Había reemplazado la conducta con un credo como la prueba de la virtud. Fue un cambio trágico.

Shaw Desmond, «La religión en el mundo de la posguerra» (El Club Socrático de la Universidad de Oxford, 1946): Pablo enseñó lo contrario que Jesús.

Paul Schubert, «Tareas urgentes para la investigación del Nuevo Testamento», en H. R. Willoughby (ed.), *El estudio de la Biblia hoy y mañana* (1947): Referente a Pablo y sus cartas, no hay ningún acuerdo patente [entre teólogos modernos] sobre cualquier tema importante.

Robert Frost, *Una alegoría de misericordia* (1947): Pablo: él también está en la Biblia. Él es el tipo que teologizó a Cristo casi fuera del cristianismo. Cuidado con él.

Frank Harris, *Mi vida y mis amores* (vol. 3, 1949): El cristianismo, principalmente a causa de Pablo, ha atacado el deseo sexual y ha intentado condenarlo desde la raíz hasta la rama.

Herbert J. Muller, *Los usos del pasado* (1952): Saulo de Tarso, quien se hizo san Pablo... conoció a Jesús sólo de oídas y rara vez se refirió a su vida humana... Pablo proclamó un evangelio acerca de Jesús, que no fue enseñado por el Jesús de los evangelios sinópticos... Contraponiéndose a [los] otros discípulos... fue por lo demás responsable de la ruptura violenta con el judaísmo... Contribuyó a un dualismo radical entre carne y espíritu, no avalado por las enseñanzas de Jesús.

Simone de Beauvoir, *El segundo sexo* (1953): San Pablo ordenó a las mujeres la humillación de sí mismas y la prudencia... En una religión que considera la carne maldita, la mujer se hace la tentación más temible del diablo.

Federico Fellini, *La strada* (1954): «¿Dónde estamos?» «En Roma. Ésa es San Pablo». «¿Entonces nos uniremos al Circo?».

Nikos Kazantzakis, *La última tentación de Cristo* (1955): La puerta se abrió. En el umbral se paró un jorobado chaparro y gordo, todavía joven pero calvo. Sus ojos escupían fuego... «¿Eres Saulo?», preguntó Jesús, horrorizado... «Soy Pablo. Fui salvado —¡gloria a Dios!— y ahora me he encaminado para salvar al mundo...». «Mi buen joven», respondió Jesús, «ya he regresado del lugar a donde te diriges.... ¿Viste a este resucitado Jesús de Nazaret?», bramó Jesús, «¿lo viste con tus propios ojos? ¿Cómo era?» «Un relámpago —un relámpago que habló.» «¡Mentiroso!... ¡Qué blasfemias pronuncias! ¡Qué descaros! ¡Qué mentiras! ¿Es con tales mentiras, engañador, con las que te atreves a salvar al mundo?» Entonces fue el turno de estallar para Pablo. «¡Cierra tu boca, sinvergüenza!», gritó... «Me importa un bledo que sea verdadero y falso, o si lo vi o no lo vi».

Charles Seltman, *Las mujeres en la antigüedad* (1956): Este hombre de Tarso, siendo algo hostil tanto a las mujeres como al apareamiento, se puso a propugnar tanto la represión de las mujeres como la práctica inmoderada del celibato perpetuo... degradando en gran manera a las mujeres de cara a los hombres... El antifeminismo ridículo fue debido, en primer lugar, a Pablo de Tarso... Según Pablo, la sexualidad era realmente una desgracia, retirando de lo celestial el interés del hombre... Mientras que la Iglesia se ampliaba en influencia dentro del Imperio romano, llevaba consigo la colección de escritos paulinos y la subordinación de la mujer. La aversión, aun el odio, hacia las mujeres creció hasta hacerse patológica... La enseñanza [de Pablo] sobre las mujeres, tal como es interpretada por sus seguidores, continúa escandalizando aun hoy a las personas reflexivas... El propio galileo... fue expulsado de la tierra por la Iglesia Militante —desobediente a Jesús, buscando nuevas vías al poder... Había derrocado los preceptos de Jesús. La teología del amor... habiendo sido refundida como la cristiandad, pidió prestado de las religiones de la naturaleza más simples el temor como el mejor instrumento para alcanzar al poder.

G. Ernest Wright y Reginald H. Fuller, *El libro de los hechos de Dios* (1957): La Iglesia primeriza no dio énfasis a la muerte de Jesús, sino concentraba su atención en la resurrección... [pero] en las epístolas paulinas se destaca mucho la idea de que [fue] por su muerte [que] Cristo ganó la victoria decisiva sobre las potencias del mal. Esta idea mitológica no era una característica de la proclamación primeriza... [Además,] tanto la teología como la práctica del bautismo se cambiaron en varios aspectos; para la Iglesia primitiva, el bautismo sólo se realizaba en el nombre de Jesús y su beneficio era definido como la remisión de los pecados y... el don de la Espíritu Santa... [pero] san Pablo puede hablar del bautismo como una participación simbólica en la muerte y la resurrección de Cristo... tales ideas han sido frecuentemente atribuidas a la influencia de las religiones de misterio, en los ritos en que el iniciado compartió sacramentalmente en el destino de la divinidad cúltica... [Además,] las iglesias paulinas eran las primeras en separar el rito [eucarístico], con el pan y el cáliz, de la comida comunal... Los tres evangelios sinópticos son productos de las iglesias... no paulinas.

William D. Davies, «Pablo y el cristianismo judío», en J. Daniélou (ed.), *Théologie du judéo-christianisme* (1958): Los cristianos judíos [en contra de Pablo]... debían de ser un elemento bien fuerte y extendido en los días más tempranos de la iglesia... Presuponían que el evangelio era una continuación del judaísmo... Según algunos eruditos, debían de ser tan fuertes que hasta la caída de Jerusalén en el 70 d. de C., eran el elemento dominante en el movimiento cristiano. || «La Era Apostólica y la Vida de Pablo», *Peake's Commentary on the Bible* (1962): Sabemos muy poco de la historia de la Iglesia en Jerusalén entre el 44 d. de C. y la caída de Jerusalén en el 70 d. de C... Intentos de... reducir al mínimo el abismo entre el cristianismo gentil y el de Jerusalén, se derriban en la frecuencia de la oposición de parte de los cristianos judíos en contra de la misión paulina... Tanto ha elevado Los Hechos a Pablo que los demás que laboraban se han achicado. Cualquier evaluación del crecimiento del cristianismo gentil ha de tener en cuenta la posible distorsión introducida por medio de esta concentración en Pablo por parte de Los Hechos... Las epístolas y Los Hechos revelan que Pablo terminó por considerarse a sí mismo... como el [único] apóstol a los gentiles.

Lawrence Durrell, *Clea* (1960): Durante un breve momento pareció posible [la libertad], pero san Pablo impuso de nuevo... los grilletes de hierro.

Gershom Scholem, *La Cábala y su simbolismo* (1960); «La crisis de la tradición en el mesianismo judío» (1968): Pablo leyó el Antiguo Testamento de modo contrario. La increíble violencia con que lo hizo muestra... la incompatibilidad de su experiencia con el sentido de los libros antiguos... El resultado fue la paradoja que nunca cesa de pasmarnos cuando leyemos las epístolas paulinas: por un lado, el Antiguo Testamento se mantiene; por el otro, está abandonado por completo. | | La estrategia religiosa de Pablo... [es] antinomia absoluta.

Hans Joachim Schoeps, *Pablo: la teología del apóstol en relación con la historia religiosa judía* (traducción inglesa 1961): [Marcando un] contraste austero entre la religión de la ley y la religión de la gracia... Pablo había perdido toda comprensión del carácter del *berith* [pacto] hebreo, como una cooperación que comportaba obligaciones mutuas, [y así] no alcanzó a la significación interior de la ley mosaica.

Max Dimont, *Los judíos, Dios y la historia* (1962): Si Pablo hubiera vivido hoy, podría haber ido a parar a un sofá psiquiátrico. Durante toda su vida, fue abrumado por un sentido de culpabilidad que le perseguía con furia implacable... La costumbre había sido que los no judíos primero se convirtiesen en judíos y sólo después fueran admitidos en la secta cristiana. Pablo opinaba que los paganos deben hacerse cristianos directamente, sin convertirse primero al judaísmo... Lentamente él cambió el cristianismo temprano en una cristología paulina... El cristianismo ya no era una secta judía, pues Pablo había abandonado la tradición mosaica.

Nils A. Dahl, «La particularidad de las epístolas paulinas como un problema en la iglesia antigua», *Neotestamentica et Patristica: Eine Freundesgabe, Herrn Professor Dr. Oscar Cullman* (1962): La particularidad de las epístolas paulinas se sentía como un problema, desde un tiempo antes de que el *Corpus paulinum* fuera publicado y hasta que hubiera sido incorporado a un canon completo de escritura neotestamentaria. Después, el problema ya no se sentía... cuando [esas] servían como fuentes para la reconstrucción de una «teología bíblica» o sistema de «paulismo».

Erich Fromm, *El dogma de Cristo* (1963): Pablo atraía... a algunos de la clase acomodada y educada, en especial mercaderes, quienes por medio de sus andanzas y viajes tuvieron decidida importancia para la difusión del cristianismo... [Ésta que] había sido la religión de una comunidad de hermanos iguales, sin jerarquía ni burocracia, se convirtió en «la Iglesia», la imagen reflejada de la monarquía absoluta del Imperio romano.

Sylvia Plath, *La campana de cristal* (1963): El único problema fue que la Iglesia, aun la Iglesia católica, no ocupaba la totalidad de la vida. Por mucho que te arrodillaras y rezaras, todavía tenías que comer las tres veces al día y mantener un trabajo y vivir en el mundo.

William H. McNeill, *El surgimiento del occidente* (1963): Una cuestión que apareció inmediatamente en las comunidades de fuera de Palestina fue la de si la ley mosaica seguía siendo obligatoria o no. La respuesta de Pablo fue que Cristo, al abrir una senda nueva a la salvación, había abrogado la antigua ley. Otros seguidores de Cristo sostenían que la costumbre judía tradicional y la ley todavía permanecían en vigor... Ni Pedro y Santiago y los líderes en Jerusalén ni Pablo... podían convencer a la otra facción.

James Baldwin, *El fuego de la próxima vez* (1963): El verdadero artífice de la Iglesia cristiana no fue el hebreo desacreditado y bronceado por el sol quien le dio su nombre, sino el despiadadamente fanático y santurrón san Pablo.

Georg Strecker, «Sobre el problema del cristianismo judío», Apéndice 1 de Walter Bauer, *op.cit.* (ed. 1964): El cristianismo judío, según el testimonio del Nuevo Testamento, se encuentra en el principio del desarrollo de la historia de la Iglesia, así que no es la «doctrina eclesiástica» [paulina] gentil-cristiana la que representa lo primario, sino una teología cristiana judía.

Jorge Luís Borges, «Los teólogos» (1964): Los histriones... invocaron a I-Corintios 13:12 («Pues ahora vemos por vidrio, en oscuridad») para demostrar que todo lo que vemos es falso. Quizá contaminados por los monótonos, imaginaron que cada persona es dos personas y que la verdadera es la otra, la que está en el cielo.

Gilles Quispel, «El gnosticismo y el Nuevo Testamento», en J. Philip Hyatt (ed.), *La Biblia en la erudición moderna* (ponencias presentadas en la 100ª reunión de la Sociedad de Literatura Bíblica, 1964): La comunidad cristiana de Jerusalén... no aceptaba las opiniones [de Pablo] acerca de la Ley.

Helmut Koester, «Los aspectos teológicos de la herejía primitiva cristiana», en James Robinson (ed.), *El futuro de nuestro pasado religioso* (1964): Pablo mismo se pone en la zona crepuscular de la herejía. || *Introducción al Nuevo Testamento* (1980): El contenido de los discursos de Pablo en los Hechos no se puede armonizar con la teología de Pablo tal y como la conocemos por sus cartas... Tampoco es creíble que afirmase repetidas veces en su juicio que siempre había vivido como judío observante de la ley [es decir, la Torah]... Desde el principio de los Hechos hasta el martirio de Esteban, el personaje central del relato ha sido Pedro. En ese momento es cuando se presenta a Pablo por primera vez... Pedro siempre se presenta como apóstol, puesto que pertenece al círculo de los Doce. Pero en los Hechos 15, Pedro se menciona por última vez y Lucas no tiene nada que contar ni sobre su viaje a Roma ni sobre su martirio. Más singular aún es la presentación de Pablo. No es ni apóstol ni mártir... Es más, Lucas pone mucho cuidado en demostrar que el iniciador de la proclamación a los gentiles no fue Pablo (ni tampoco Bernabé), sino Pedro. || *Antiguos evangelios cristianos* (1990): Inmediatamente se encuentra con una dificultad mayor. Lo que Jesús había proclamado no se convirtió en el contenido de la proclamación misionera de Pablo... Los dichos de Jesús no tienen ningún papel en la comprensión de Pablo referente al suceso de la salvación... La Epístola de Santiago también comparte, con el sermón del monte, el rechazo de la tesis paulina que Cristo es el fin de la ley [mosaica]. || Con

Stephen Patterson, «El Evangelio de Tomás: ¿contiene dichos auténticos de Jesús?», *Bible Review* (1990): No le importaba nada a Pablo lo que había dicho Jesús... Si Pablo hubiera tenido un éxito completo, muy pocos de los dichos de Jesús habrían sobrevivido.

Emil G. Kraeling, *Los discípulos* (1966): La peculiar relación no armonizada entre Pablo y los Doce, la cual existía desde el principio, nunca fue ajustada completamente... La moderna investigación bíblica en particular ha hecho difícil meter la religión del Nuevo Testamento (por no mencionar la Biblia entera) en la camisa de fuerza del paulismo.

Bruce Vawter, *Los cuatro evangelios* (1967): No tenemos información auténtica sobre la actividad de la mayoría de los Doce después de los primeros días de la Iglesia en Jerusalén, pero es bastante probable que quedaron identificados con el cristianismo judío, particularmente, quizás, con el cristianismo galileo, sobre el cual no sabemos prácticamente nada... Este cristianismo... casi desapareció.

Ronald D. Laing, *La política de la experiencia* (1967): Dos personas sentadas están conversando. Uno (Pedro) propone algo al otro (Pablo). Expresa a Pablo su punto de vista en varias maneras por un amplio tiempo, pero Pablo no entiende... Pablo parece duro, impenetrable y frío.

Paul Tillich, *Una historia del pensamiento cristiano* (1968): La ley [mosaica] no era evaluada en la manera negativa como generalmente lo hacemos; para los judíos, era un regalo y una alegría... El camino de desesperación... fue la vía de individuos como Pablo, Agustín y Lutero... El conflicto de Pablo contra los cristianos judíos no tenía que ser continuado. En lugar de eso, los elementos positivos en la fe, los cuales podían proveer un contenido positivo para los paganos, tenían que ser adelantados.

Joseph Campbell, *Las máscaras de Dios: mitología creadora* (1968): El dominio en Europa de aquella orden de irracionalidad, sumisión irracional a los dictámenes de autoridad... san Pablo mismo había abierto la puerta a tales idioteces atrevidas.

Günther Bornkamm, *Pablo* (1969): Sobre todo resulta el abismo que separa a Jesús de Pablo y la conclusión de que... es más Pablo que el Jesús histórico, quien en verdad ha fundado el cristianismo... Ya en vida suya era considerado Pablo como apóstol ilegítimo y falsificador del mensaje cristiano... Durante mucho tiempo, el cristianismo judío lo rechazó totalmente, como rival de Pedro y de Santiago, el hermano del Amo... Pablo no se conecta de manera inmediata con... [las] palabras... del Jesús terrenal. Todo parece indicar que ni siquiera las conocía.

David Ben-Gurion, *Israel: una historia personal* (1971): Jesús probablemente se diferenció poco de bastantes judíos de su generación. La religión nueva recibió su énfasis antijudaico por Saulo... [quien] dio al cristianismo una dirección nueva. Intentó desarraigar la ley y mandamientos judaicos y eliminar el judaísmo como una entidad nacional que se esforzaba en realizar la visión mesiánica de los profetas.

William Steuart McBirnie, *Buscando a los doce apóstoles* (1973): ¿Por qué escogió Jesús a sólo doce apóstoles principales? Obviamente, para corresponder a las doce tribus de Israel... Pablo claramente afirmó que él también era un apóstol... Pero no hay ninguna prueba de que jamás fuese admitido en aquel círculo íntimo de la docena original... Quienes esperan que los Hechos sea la historia completa del cristianismo primitivo están condenados a la frustración... El estudioso bíblico, de pronto y quizás sin notarlo, está enganchado en el ministerio personal de Pablo. Pedro, aunque prominente al principio, después se omite, mientras los Hechos despliegan para el lector el relato de Pablo y sus amigos... No hay absolutamente ninguna prueba de que Pablo alguna vez reconociese la «primacía» de Pedro.

Ronald Brownrigg, *Los doce apóstoles* (1974): Las cartas de Pablo presentan un marcado contraste con los escritos de Lucas [en su evangelio y los Hechos]. Mientras que Lucas propone que los apóstoles formaban una corporación cerrada de doce, gobernando sobre la Iglesia entera, Pablo está en desacuerdo, afirmando que su propio apostolado es tan válido como cualquiera de los Doce... Ciertamente, Pablo no reconocía ninguna autoridad de los Doce... El requisito para el apostolado, en la elección de Matías [Hch 1:15-26], había sido una selección divinamente guiada y un compañerismo continuado con Jesús durante toda su vida [activa].

Elaine H. Pagels, *Pablo el gnóstico* (1975): Dos tradiciones antitéticas de la interpretación paulina han aparecido desde el siglo I a través del II. Cada una se afirma como auténtica, cristiana y paulina: pero una lee a Pablo antignósticamente y la otra gnósticamente... Quien pone atención en la evidencia total aprenderá del debate acercarse a la interpretación paulina con una renovada apertura al texto. || *Los evangelios gnósticos* (1979): Una versión de este relato, [de la conversión de Pablo,] dice: «Los hombres que estaban viajando con él se pararon estupefactos, oyendo la voz pero no viendo a nadie»; otra dice lo contrario... «Quienes estaban conmigo vieron la luz, pero no oyeron la voz de quien me hablaba».

Paul Johnson, *La historia del cristianismo* (1976): El Cristo de Pablo no estaba asentado en el Jesús histórico de la Iglesia de Jerusalén... Escritos... de cristianos judíos de la década de los cincuenta [d. de C.] presentan a Pablo como el Anticristo y el primer hereje... La Cristología de Pablo, que más tarde se convirtió en el meollo de la fe universal cristiana... fue predicada por un personaje externo a quien muchos miembros de la Iglesia de Jerusalén no reconocían en absoluto como apóstol.

Irving Howe, *El mundo de nuestros padres* (1976): La opinión de que la actividad sexual es impura o al menos sospechosa, tan a menudo un acompañamiento del cristianismo, rara vez era considerada dentro del *shtetl* [pueblo judío de la Europa oriental]. La declaración de Pablo consistente en que es mejor casarse que quemarse habría parecido extraña —si no completamente impía— a los judíos.

John Morris Roberts, *La historia del mundo* (1976): Las ideas devocionales registradas de Jesús no sobrepasan los ritos judíos; los oficios del Templo, junto con la oración privada, eran todo lo que indicó. En este sentido muy concreto, vivió y murió como judío... Cumplir la ley [mosaica] fue esencial... La doctrina que Pablo enseñó fue nueva. Rechazó la ley (lo que nunca había hecho Jesús)... y esto condujo al destrozo del molde del pensamiento judío dentro de que había nacido la fe.

James M. Robinson, *Los códices de Nag Hammadi* (1977): Los Evangelios del Nuevo Testamento presentan a Cristo resucitado con un cuerpo que parece ser un cuerpo humano —se toma por jardinero, o por viajero rumbo a Emaús; come; sus heridas se pueden tocar... Pablo insiste una y otra vez que, aunque no era discípulo durante la vida de Jesús, sin embargo presenció una aparición auténtica del Cristo resucitado. Pero su descripción de un «cuerpo» resucitado es de una luz brillante, un «cuerpo» celestial como un sol, estrella o planeta y nada como un cuerpo terrenal. Así el libro de los Hechos, mientras refiere al detalle el encuentro de Pablo con Jesús como una luz cegadora, lo presenta como si no fuera apenas más que una «conversión». Pues el autor [de los Hechos] lo coloca bastante fuera del período de las apariciones de la resurrección, las cuales se había limitado a cuarenta días.

Edward Schillebeeckx, *Cristo* (1977): Hay una diferencia entre la teología de las congregaciones primitivas cristianas judías en Jerusalén, las cuales se orientan por Jesús de Nazaret, y la teología paulina, que conoce solamente «el crucificado».

Mircea Eliade, *Historia de las creencias y las ideas religiosas* (1978): Habría de verse fatalmente opuesto Pablo a los judeocristianos de Jerusalén... un conflicto del que Pablo y los Hechos (Gál 2:7-10, Hch 15:29) dan versiones contradictorias.

Bárbara Tuchman, *Un espejo distante: el calamitoso siglo XIV* (1978): De entre todas las ideas de la humanidad, la identificación del sexo con el pecado ha dejado la más grande secuela de problemas... En la teología cristiana, vía san Pablo, se cargó con permanente culpa a la humanidad... Su contexto sexual fue formulado principalmente por san Agustín, cuyas luchas espirituales opusieron en adelante el dogma cristiano al instinto más fuerte del hombre.

Thomas Maras, *Las contradicciones en el Nuevo Testamento* (1979): En desacuerdo con [san Mateo y san Lucas], quienes quieren que él sea un Hijo directo de Dios, Pablo nos dice [en Rom 1:3-4] que en la carne Jesús es del linaje de David y solamente en poder es el Hijo de Dios.

Patrick Henry, *Nuevas direcciones en el estudio del Nuevo Testamento* (1979): Queda en la mente popular una sospecha fuerte... que Pablo corrompió el cristianismo (o aun fundó una religión diferente)... Jesús [era] un maestro en la corriente principal de la piedad profética judía... mientras que Pablo... da el paso irrevocable fuera del judaísmo en rechazar la ley [mosaica]... Pablo importó a la comunidad cristiana una forma de la religión característica de los «misterios»... movimientos religiosos de iniciación en ritos secretos y entendimiento esotérico.

Og Mandino, *Operación: ¡Jesucristo!* (1980): Los discípulos y otros seguidores cercanos de Jesús son todos judíos piadosos.

Juan Luis Segundo, *El hombre de hoy ante Jesús de Nazareth* (1982): A menos de treinta años de los acontecimientos narrados por los sinópticos sobre la vida y predicación, muerte y resurrección de Jesús, Pablo se permite hacer una larga y profunda exposición de lo que éste significa, reteniendo, al parecer, sólo los dos últimos hechos «puntuales», la muerte y la resurrección. No se citan sus palabras (con excepción de las pronunciadas sobre el pan y el vino en la última cena), no se recuerdan sus enseñanzas. Han desaparecido los términos claves que Jesús empleó para designarse a sí mismo, a su misión y a los destinatarios inmediatos de ella: el Hijo de Hombre, el reino de Dios, los pobres.

Abba Eban, *La civilización y los judíos* (WNET Herencia, vídeo #3, 1984): Quienes seguían las enseñanzas de Jesús se conocían entre los demás judíos como Nazarenos. En el principio, la secta nazarena era totalmente judía.... Aunque ésta había sido una secta judía, Pablo dio la bienvenida a nuevos seguidores sin requerir que se convirtieran al judaísmo.

Jürgen Moltmann, *Teología política [y] ética política* (1984): La teología de Pablo y la de la Reforma interpretaron teológicamente la muerte de Jesús como víctima de la ley [de Israel]; y dejaron muy claro que la resurrección y exaltación de Cristo significaron la abolición de [esa] ley con todas sus exigencias... [Pero] Jesús no murió apedreado, sino ajusticiado por los romanos.

Yigael Yadín, «El rollo del Templo —el rollo más largo del Mar Muerto», *Biblical Archeology Review* (sept./oct. de 1984): Hay que distinguir entre las varias capas —o estratos, para utilizar un término arqueológico— del cristianismo primitivo. La teología, las doctrinas y las prácticas de Jesús, de Juan Bautista y de Pablo... no son iguales.

Michael Baigent, Richard Leigh y Henry Lincoln, *El legato mesiánico* (1986): ¿En qué... consiste «el cristianismo»? ¿En lo que enseñó Jesús? ¿O en lo que enseñó Pablo? Salvo por escamoteo de lógica y tergiversación de hecho histórico, los dos puntos de vista no se pueden armonizar.

James Michener, *Legado* (1987): Las mujeres... ya no harán la inclinación china a las fulminaciones de san Pablo.

Bruce Metzger, *El canon del Nuevo Testamento* (1987): Según [algunos] eruditos, la presencia de contradicciones entre libros del Nuevo Testamento... hace necesario establecer un canon crítico... Por ejemplo, se dice, la escatología de Lucas-Hechos no se puede armonizar con la escatología de Pablo... También, la perspectiva en la Epístola a los Romanos sobre la ley del Antiguo Testamento ciertamente aparece diferente de la perspectiva en Mateo V.18... Además, la Epístola de Santiago ataca la doctrina paulina de justificación sólo por la fe. Por estas razones y otras similares, se sostiene, no hay unidad dentro del canon.

Sociedad Bíblica y de Folletos Atalaya, «Pablo», *Penetración en las escrituras* (1988): ¿Cuál es entonces el nombre que aparece entre los nombres en las «doce piedras fundadoras» del Nuevo Jerusalén, en la visión de san

Juan —el de Matías o el de Pablo?— (Ap 21:2,14)... La selección original de Dios, es decir, Matías.

Paula Fredriksen, *De Jesús a Cristo* (1988): Los eruditos, su confusión facilitada por la aparente inconsistencia propia de Pablo... no están de acuerdo aún sobre lo que dijo Pablo, mucho menos sobre por qué lo dijo.

Jostein Gaarder, *El mundo de Sofía* (1991): ¿Era Jesús cristiano? También eso se puede discutir, claro.

Gerald Messadié, *Saulo, el incendiario* (París, 1991; Bogotá, 1994): Saulo no conoce realmente la enseñanza de Jesús. No hay en las Epístolas rastros de las parábolas, ni de los gestos y actitudes de Jesús... La transformación, la *metanoia* esencial del creyente por la meditación ética, no tiene casi lugar en sus textos... Saulo se arroga de pronto, y parece increíble, el privilegio de la verdad. Él, que sólo entrevió a Jesús, afirma sin igual arrogancia que es el único en poseer la verdad de la enseñanza del Mesías, contra aquellos que, por su parte, conocieron a Jesús, contra los primeros discípulos. Enorme caradura: ¡trata a Pedro de «hipócrita»!... Me pregunté si Saulo no habría participado también en la conjura del Sanedrín contra Jesús... Hasta él no hay cristianos, sino discípulos judíos del judío Jesús. Tras él, cristianismo y judaísmo serán irreconciliables... Las Epístolas no mencionan en absoluto la vida de Jesús... Es la propia enseñanza ética de Saulo que domina, como si sustituyera la de Jesús, en el propio nombre de Jesús... No menciona milagro alguno de Jesús... Desde un punto de vista estrictamente escritural, la enseñanza de Saulo diverge, en muchos puntos fundamentales, de la que transmiten los directos testimonios de Jesús.

Jon Sobrino, *Jesucristo liberador* (1991): En Pablo... su cristología está centrada en el Señor resucitado y no hace una valoración teológica pormenorizada de la vida de Jesús.

Stephen Mitchell, *El Evangelio según Jesús* (1991): Pablo de Tarso... [era] el más engañoso de los primeros autores cristianos... [y] un carácter particularmente difícil: arrogante, santurrón, lleno de odio asesino para sus adversarios, aterrorizado de Dios, oprimido por lo que sentía como la carga de la ley [mosaica], abrumado por su sentido de pecado... No entendió a Jesús nada. Ni tenía ningún interés en Jesús; solamente en su propia idea del Cristo.

Paulo Suess, «Inculturación», en Ignacio Ellacuría y Jon Sobrino (eds.), *Mysterium liberationis* (1991): La exégesis *alegóresis* de Filón (13 a. de C.-45/50 d. de C.), filósofo y teólogo judío, está presente en los escritos de Pablo... [quien] era en muchos aspectos una figura atípica de la Iglesia primitiva... [lo cual] se debió al paso de un contexto agrario —muy presente en las parábolas— a un mundo urbano... de las grandes ciudades.

Shlomo Riskin, *The Jerusalem Post International Edition* (28 de marzo de 1992): Saulo de Tarso... se separó de la ley judaica y la religión creada en consecuencia pronto fue trufada de elementos paganos.

Holger Kersten y Elmar Gruber, *La conspiración sobre Jesús* (1992): Pablo indica que el intento entero de la actividad de Jesús depende exclusivamente de esta agonía en la cruz. Aquí tiene poco interés en las palabras y enseñanzas de Jesús, si no arregla que todo depende de su propia enseñanza: la salvación de los pecados por medio de la muerte vicaria del sacrificio de Jesús. ¿No parece muy extraño que Jesús mismo no dio la indirecta más mínima que intentó salvar al sector fiel entero de la humanidad por medio de su muerte?... Aunque hay varios pasajes bien deleitables en los textos de Pablo, el cristianismo recibió por medio de su fanatismo intolerante numerosos desarrollos perjudiciales, los cuales son diametralmente opuestos al espíritu de Jesús: la intolerancia hacia quienes mantienen opiniones distintas, la hostilidad enfática al cuerpo y la consecuente baja opinión de la mujer y especialmente la actitud defectuosa sobre la naturaleza... Pone patas arriba la enseñanza de salvación de Jesús y se opone a sus ideas de reforma; en lugar de las noticias originales alegres, se propuso el mensaje paulino de las amenazas.

Dennis J. Trisker y Vera V. Martínez T., *Ellos también creen* (1992): Mientras que muchas personas creen que el cristianismo fue fundado por Jesucristo... es a causa de Pablo por lo que existe la organización llamada cristiana... En el Nuevo Testamento, podemos ver cómo Pablo... estaba en disparidad con la iglesia en Jerusalén y aun considerado con sospecha por ellos... Él no dio énfasis al aspecto judío de la enseñanza y esto trajo la primera separación en la iglesia. A través de los años esta separación se amplió, haciendo la iglesia más pagana y menos judía... Pablo no era apóstol.

Xavier Zubiri, *El problema filosófico de la historia de las religiones* (1993): No hay duda ninguna de que mucha de la terminología de san Pablo procede de las religiones de misterios.

Bart D. Ehrman, *La corrupción ortodoxa de la escritura* (1993): Considerada desde un punto de vista sea social o teológico... el cristianismo en los siglos tempranos era un fenómeno notablemente diversificado... Tanto Mateo como Pablo se encuentran en el canon... Muchos de los oponentes de Pablo claramente eran cristianos judíos... [quienes] aceptaron la autoridad obligatoria del Antiguo Testamento (y por consiguiente la validez continua de la ley [mosaica]), pero rechazaron la autoridad del apóstol apóstata, Pablo. || «El Nuevo Testamento» (curso de vídeo, Teaching Company, 2000): ¿Qué enseñó el Jesús histórico comparado con lo que enseñó el Pablo histórico?... Jesús enseñó que, para escapar del juicio, la persona tiene que mantener las enseñanzas centrales de la ley judaica tales como él, Jesús mismo, las interpretaba. Lo interesante es que Pablo nunca menciona la interpretación de Jesús sobre la ley [mosaica] y Pablo era absolutamente insistente en que el mantenimiento de la ley jamás traería la salvación. La única manera de ser salvado, para Pablo, era confiar en la muerte y resurrección de Jesús... Pablo transformó la religión *de* Jesús a una religión *acerca de* Jesús.

Elsa Tamez, «Relectura de la Biblia por mujeres», en Ursula King (ed.), *Teología feminista desde el tercer mundo* (1993): [Hay] contradicciones en algunos de los escritos de san Pablo, que finalmente se utilizaron para fomentar la sumisión de las mujeres... San Pablo exigió que las mujeres mantuvieran silencio en la iglesia... Cuando una mujer se hace peligrosamente activa o amenazadora para los que detentan posiciones poderosas, se encuentra auxilio en los textos paulinos clásicos para exigir la sumisión de las mujeres a los hombres. En momentos como éstos es cuando algunas mujeres no saben cómo responder.

Raymond E. Brown, *El nacimiento del Mesías* (suplemento 1993): [Referente a] la declaración de Pablo de que Jesús «descendió de David según la carne» (Rom 1:3)... uno puede preguntar si los evangelistas que escribieron de la concepción virginal habrían escogido tal fraseología. | | *La muerte del Mesías* (1994): Pablo... no cita a Jesús ni se refiere a sus hechos individuales. | | *Una introducción al Nuevo Testamento* (1997): Uno podría reflexionar sobre lo que sabríamos acerca de Jesús, si tuviéramos solamente las cartas de Pablo. Tendríamos una teología magnífica sobre lo que ha hecho Dios en Cristo, pero Jesús estaría dejado casi sin rostro... «No he venido a abolir la Ley [mosaica]» (Mt 5:17); «No estáis bajo la Ley» (Rom 6:14)... San Lucas insiste particularmente en la realidad de la aparencia [resucitada] de Jesús, pues Jesús come alimento y afirma que tiene carne y huesos. En sus referencias a un cuerpo resucitado, Pablo habla de uno que es espiritual y no carne y sangre (I-Cor 15:44, 50)... Pablo había iniciado un proceso por el cual el cristianismo se convertiría casi totalmente en una religión gentil... Al contrario de ser injertados en el árbol de Israel, los cristianos gentiles se harán el árbol mismo... ¿Fue apropiado que un apóstol cristiano se diera rienda suelta a una crudeza de la cuneta, en desear que, en la circuncisión defendida por los predicadores [judío-cristianos], el cuchillo se resbalara y cortara el órgano varonil (Gál 5:12)? ¿Qué autorizó a Pablo despreciar como «así llamados pilares de la iglesia» miembros de los Doce quienes habían andado con Jesús y él [Santiago] honrado como «el hermano del Amo» (Gál 2:9)?

John Dominic Crossan, *Jesús: una biografía revolucionaria* (1994): Para Lucas, quien compuso los Hechos de los Apósteles, Pablo no era uno de los Doce Apósteles y jamás podía ser uno, puesto que no había estado con Jesús desde el pricipio. Para Lucas, hay solamente Doce Apóstoles y, aun con la ausencia de Judas [Iscariote], no es Pablo [sino Matías] quien lo reemplaza. || «Pedro y Pablo y la revolución cristiana», documental del PBS (abril de 2003): Lo que está en juego en esto es, si vamos a tener una comunidad cristiana judía y una comunidad cristiana gentil, ¿vamos a tener dos Iglesias o una? Si vamos a tener una, ¿cómo se integrarán? Eso es lo que está en juego en esto: ¿cómo puede ser la Iglesia, con estas dos alas, estas dos divisiones por decirlo así, cómo puede permanecer una Iglesia? ¿Va a permanecer una Iglesia?

Ian Wilson, *Jesús: la evidencia* (1996): [El] interés [en las cartas de Pablo] radica en su ignorancia aparente sobre cualquier detalle de la vida terrenal de Jesús... [Pablo] reflejaba las actitudes de la sociedad contemporánea acerca de las mujeres, en vez de las que ahora aceptamos como las ideas de Jesús mismo... Parece que nos confronta un verdadero choque de teologías del siglo I: la paulina a un lado, fundada en su experiencia espiritual [en camino a Damasco]; y la de Santiago [en su epístola], fundada en su conocimiento fraternal del Jesús humano. Y, a pesar de la autoridad que éste debe recibir, parece que es la paulina a la que le ha sido permitido transmitirse hacia nosotros... Particularmente significativa es la postura mansa pero firme [de Santiago], acerca de la importancia de la enseñanza de Jesús sobre la vida comunitaria.

Alan F. Segal (en nombre de **Eugene Schwartz**), «Ecos electrónicos: el uso de concordancias informáticas en estudios bíblicos», *Biblical Archaeology Review* (nov./dic. de 1997): Fácilmente podemos determinar la cantidad de alusiones, por medio de medir si una frase de un libro bíblico meramente repite unas pocas palabras de otro, o citar directamente varias palabras seguidas... El resultado de nuestra investigación pareció confirmar... muy pocas paralelas obvias entre Pablo y los Evangelios... Casi siempre expresan [aun] las mismas ideas en palabras totalmente diferentes... No estoy convencido por las innumerables paralelas más o menos débiles, entre los Evangelios y Pablo. Al contrario... el estudio [informático] de palabras parece indicar que definitivamente ninguno de los dos está relacionado con el otro.

Stephen J. Patterson, «La comprensión del Evangelio de Tomás hoy en día», en Stephen J. Patterson, James M. Robinson y Hans-Gebhard Bethge, *El quinto evangelio* (1998): El conocido como Credo de los Apóstoles, que sólo pareció en el siglo II, carece totalmente de dichos de Jesús y se enfoca solamente a su nacimiento y muerte.

John Kaltner, *Ismael instruye a Isaac —una introducción al Corán para lectores bíblicos* (1999): Jesús acepta la autoridad de la Ley de Moisés, mientras... Pablo sostiene que la muerte y resurrección de Jesús han hecho la Ley totalmente anticuada para el cristiano.

Anthony Saldarini, «Movimientos de reforma judaicos» (Biblical Archaeology Society, discurso en vídeo, 1999): Jesús no fue cristiano... Jesús fue judío... Para ser seguidor de Jesús, no hay que salir del judaísmo y hacerse cristiano. Para ser seguidor de Jesús, hay que vivir la vida judaica en la manera que Jesús enseñó a la gente que vivieran la vida judaica... Pablo dice que hay el evangelio y hay la ley [mosaica]; ésa es polémica de Pablo, ésa es aparte.

Edgar Lawrence Doctorow, *La ciudad de Dios* (2000): Diré aquí sobre Jesús, aquel judío y el sistema que lleva su nombre, ¡qué monstruosa broma le ha gastado la historia!... El cristianismo fue originalmente una secta judía. Todo el mundo sabe eso... Pablo —sabes: Pablo, el tipo que se dio de bruces en el camino a Damasco... ¿Y luego qué? En este caso, una religión nueva.

Daniel Boyarin, «El evangelio del *memra*» (*Harvard Theological Review*, 2001): Para [el evangelio de] Juan... Jesús viene para cumplir la misión de Moisés, no a desplazarla. La Torah simplemente necesitaba un explicador mejor, el *Logos Ensarkos*, un maestro apropiado para la carne y la sangre. En lugar de la subrogación en el sentido temporal explícito dentro del cual la inscribe

Pablo, la tipología de san Juan —de la Torah con el Logos Encarnado— se entiende mejor en el contexto de... un presupuesto dominante del pensamiento occidental: que la enseñanza oral es más auténtica y transparente que los textos escritos.

Mark D. Given, «La retórica verdadera de Romanos» (ponencia, la reunión anual de la Sociedad de Literatura Bíblica, 2001): Referente a la oscuridad sofística de las estrategias argumentativas de Pablo en Romanos... a veces es tan difícil discernir exactamente qué quiere decir Pablo en realidad, acerca de tales temas controvertidos como la ley [mosaica], el judaísmo y el pueblo judío, que uno podría... sugerir que las ambigüedades tienen el propósito de evitar que los lectores adivinen lo que en realidad piensa Pablo.

John R. Donahue, «Normas para leer e interpretar», *The New Interpreter's Study Bible* (2003): El espectro de preocupaciones acerca de la liberación... [proviene del] dilema puesto por los mandatos bíblicos tan opuestos a estos ideales [modernos] (por ejemplo, esclavos, obedeced a vuestros amos [Ef 6:5, Col 3:22, Tit 2:9]); las mujeres estén sometidas a sus propios maridos [Ef 5:22, Tit 2:4-5]).

Tomás Powers, *La llamada de Dios: mujeres haciendo teología en el Perú* (2003): Las mujeres son confrontadas con pasajes bíblicos como I-Cor 14:34... y I-Tim 2:11-14... No obstante, las voces de las mujeres jamás serán calladas de nuevo.

Ioannis Zizioulas (arzobispo ortodoxo de Pérgamo, presidente de la Comisión Combinada Internacional para el Diálogo Teológico entre Católicos y Ortodoxos), *L'Osservatore Romano* (7 de julio de 2006): San Pedro y san Pablo pudieron tener diferentes puntos de vista sobre ciertas cuestiones... como resulta evidente del relato bíblico de sus vidas.

John Barton, «Estrategias para leer la Escritura», *The Harper Collins Study Bible* (2006): [Hay un aparente] desacuerdo entre Pablo y Santiago, referente al tema de las obras. Por lo manifiesto, Pablo niega que los seres humanos se hacen justos por medio de las buenas obras, mientras que Santiago asevera que las buenas obras son esenciales —es más, que sin buenas obras, la fe está vacía y falsa... Una lectura crítica de Pablo y Santiago podría resultar en la conclusión de que son verdaderamente incompatibles, lo cual tendría consecuencias considerables para aseveraciones sobre la inspiración y la autoridad de la Escritura.

Hershel Shanks, *Los rollos del Mar Muerto —lo que verdaderamente dicen* (libro-e de la Sociedad de Arqueología Bíblica, 2007): Pablo... no sabe nada del parto virginal. Según Pablo, Jesús se hace el hijo de Dios en el momento de su resurrección. Léase la epístola de Pablo a los Romanos, donde Jesús fue «declarado Hijo de Dios con poder, según el espíritu de santidad, *por su resurrección de entre los muertos*» (Romanos 1:3-4).

Kathy Ehrensperger, «La teología encarnada: vulnerabilidad y limitación en la opinión de Pablo sobre el liderato», ponencia, la reunion de la Sociedad de Literatura Bíblica (2008): Pablo, en el desafío a su rol como apóstol, el cual se difunde por mucho de 2

Corintios, parece defenderse en un nivel muy personal, así dando la impresión de reaccionar por un sentido de ofensa personal... Aunque la aceptación de Pablo como apóstol es el punto en juego en 2 Cor, la disputa es más teológica que personal.

David C. Sim, «Mateo, Pablo y el origen y naturaleza de la misión a los no judíos: la gran comisión en San Mateo como una tradición antipaulina», *Hervormde Teologiese Studies* (2008): La gran comisión al fin del Evangelio de Mateo es uno de sus textos claves. En esta tradición, el Cristo resucitado revoca la previa restricción de la misión a solo Israel, y exige que los discípulos evangelizen a todas las naciones. El evangelio que debían proclamar incluyó el cumplimiento de la Torah, lo mismo por los judíos que por los no judíos. La versión de Mateo sobre el origen y naturaltеza de la misión a los no judíos difiere de la opinión de Pablo tal y como se encuentra en la Epístola a los Gálatas. Pablo sostiene que había sido comisionado por el Amo resucitado para evangelizar a los no judíos, y que el evangelio que tenía que proclamar no implicaba obedecer la Torah.

אחוה המשיח

† Η ΑΔΕΛΦΟΤΗΣ ΤΟΥ ΧΡΙΣΤΟΥ

† Τ.ΜΝ̄Τ.CON Μ̄.ΠЄ.ΧΡΙCΤΟC

† La Hermandad de Cristo

ÍNDICE